JN099113

第 I 部

自己株式の概要と手続

自己株式に関する制度の変遷

　日本では，従来，債権者保護の観点から，自己株式を取得することや消却することには厳格な制限があり，原則として禁止されていました。しかし，経済界からの強い要望を受けて，1994年以降，段階的に法規制が緩和され，ようやく2001年に，財源や手続の規制はあるものの，目的の制限なく自己株式を取得・保有できるようになりました。当時，経済界から自己株式の取得解禁を望む声が強かったのは，以下のような背景があったことによるものです。

　日本企業は，株式市場が活況であった1980年代後半のバブル期に大量の新株発行を行って多くの資金を調達しました。この資金は，設備投資の拡大や当時「財テク」と呼ばれた金融取引などに活用されたものの，バブル経済の崩壊とともに資金需要は減退し，企業の資本効率は悪化していました。このため，膨張していたバランスシートを圧縮するべく，自己株式を取得したいというニーズが経済界で高まっていたのです。

　そもそも，旧会社法において，なぜ自己株式の取得が規制されていたのかというと，自己株式の取得には以下のような弊害があるからだとされています。

① 資本金・資本準備金を財源とする自己株式の取得は，株主への出資払戻と同様の結果を生じ，会社債権者の利益を害する
② 一部の株主のみから取得すると，株主相互間の投下資本回収の機会が不平等になってしまう
③ 取得価額が高い場合には，売却する株主と残存する株主との間に不公平を生じさせる
④ 経営方針などに反対する株主から株式を取得する等の行為が自由に行えると，取締役が自己の会社支配を維持するために利用する危険性があり，経営を歪める手段となってしまう
⑤ 株価を上げたい場合には大量に自己株式を取得するなど，相場操縦やインサイダー取引に利用される危険性がある

　これらの弊害は，自己株式の取得が自由化された現在でも生じ得るものです。現行の制度では，これらの弊害に対処するべく，自己株式の取得にあたっては財源が規制されていたり，取得方法によっては株主総会の特別決議が必要であったり，自分を売主に追加するよう請求できる権利（売主追加請求権）を株主に認めるなど，様々な規制を設けた上で，取得の目的に係る制限なく，自由に取得できる建付けとなっています。

　時系列で示すと，取得することが原則として禁止されていた状況から，**図表Ⅰ-1-1**のように段階的に規制が緩和されてきました。

【図表Ⅰ-1-1】

時　期	自己株式に係る規制の推移
1938年以降	以下の場合のみ自己株式の取得が認められるようになる。 ●株式を消却する場合 ●合併・営業全部譲受をする場合 ●会社の権利を実行する場合 ●株式買取請求権が行使された場合
1950年	以下の場合にも自己株式の取得が認められるようになる。 ●合併・営業全部譲受に反対する株主が株式買取請求権を行使した場合
1966年	以下の場合にも自己株式の取得が認められるようになる。 ●株式の譲渡制限に反対する株主が株式買取請求権を行使した場合
1994年	以下の場合にも，株主総会決議を経て，自己株式の取得が認められるようになる。 ●取締役・使用人に譲渡・交付する場合 ●株主総会決議に基づいて，利益によって消却する場合 ●譲渡制限会社で，株主からの譲渡承認請求に対して，会社が売渡請求をする場合 ●株主の相続があった場合
1997年	公開会社では，定款での授権があれば，上記の場合に取締役会決議での取得が認められるようになる。

	ストック・オプション制度が導入され，役職員に報酬として付与した新株予約権が行使された場合に自己株式を活用できるようになる。
1998年	法定準備金を超える資本準備金を財源とする場合に限り，自己株式の取得・消却が認められる（時限立法）。
2001年	自己株式の取得は，原則禁止から，一定の規制を遵守すれば自由に取得できるスタンスへと転換する。
	取得した自己株式は，期間や数量に関する制限なく，継続保有できるようになる。
	自己株式の処分に関する法律が整備される。
2003年	市場買付・公開買付による場合には，取締役会決議によって自己株式が取得できるようになる。

　なお，自己株式は，「金庫株」と呼ばれることもあります。これは，英語の「Treasury stock」を和訳したものです。アメリカでは，従来から多くの州で自己株式の取得が目的を限定することなく認められており，買い入れた後は，将来の活用までの当面の間，宝物（Treasury）のように金庫に入れて保管するという状況を指して，「Treasury stock」という言葉が生まれたとされています。

❷ 会計処理の概要

1 ▎商法における会計処理の変遷

　企業の保有する自己株式については，「資産」として取り扱う考え方と「資本の払戻し」として取り扱う考え方があります。

　「資産」として取り扱う考え方は，自己株式を取得しただけでは株式は効力を失っておらず，他の有価証券と同様に換金性のある会社財産とみられることを主な論拠としています。一方，「資本の払戻し」として取り扱う考え方は，自己株式の取得は株主との間の資本取引であり，会社所有者（株主）に対する会社財産の払戻しの性格を有することを主な論拠としています。

　2001年に商法が改正されるまでは，自己株式の取得が原則として禁止されており，例外的に取得した場合も短期間で処分しなければなりませんでした。このため，自己株式の所有は一時的な状態であり，資本の払戻しではなく資産として取り扱う実務が主流でした。また，現在の会社計算規則の前身である「株式会社の貸借対照表，損益計算書，営業報告書及び附属明細書に関する規則」において，自己株式は貸借対照表の資産の部に記載することになっていたことも，「資産」として取り扱う実務を後押ししており，多くの企業では，自己株式を「流動資産の部」に計上し，処分したときに発生した差額は損益として処理し，損益計算書の「営業外損益」に計上していました。つまり，自己株式は，通常の株式と同様の会計処理をしていたわけです。

　しかし，2001年の商法改正によって，自己株式の取得が原則として自由化され，取得後に処分することも求められなくなったため，企業の貸借対照表に多額の自己株式が計上される状況が見込まれました。これにより，自己株式の処理方法如何によっては，企業の財政状態に与える影響も大きくなることから，自己株式に関する会計処理の全面的な見直しが行われました。その結果，商法において，自己株式は資本の払戻しとして取り扱うことに整理されました。

2 ▎会計上の取扱いの変遷

　上述のように，2001年の商法改正以前においては，自己株式を資産として
取り扱い，貸借対照表の資産の部に計上する実務が一般的でした。ただし，こ
れは個別財務諸表においての話であり，連結財務諸表においては，従来から，
自己株式を資本の部の控除項目として取り扱っていました。これは，連結財務
諸表が導入された当時から，米国会計基準や国際会計基準との整合性の確保が
要請されていたことによるといわれています。このため，実務上は，個別財務
諸表で資産として計上している自己株式を，連結財務諸表の作成過程で修正仕
訳を入れることによって資本の控除項目に修正する処理が行われていました。

　実際の例として，私の手元にある東レ株式会社の2001年3月期の有価証券
報告書を見てみると，連結貸借対照表の資本の部に「自己株式△2百万円」
と表示されており，資本の控除項目となっています。一方で，個別貸借対照表
においては，少額のため独立掲記されておらず，自己株式という項目はありま
せんが，注記事項として「自己株式　1百万円」と表示されています。そして，
改正会社法が施行された2002年3月期の個別財務諸表においては，重要な会
計方針として，次のように開示されています。

> 前期末において流動資産の「その他」に含めて表示していました自己株
> 式は，当期末から資本に対する控除項目として資本の部の末尾に記載し
> ております。

　この時点では自己株式に係る会計基準は整備されていませんでしたが，2002
年に「自己株式及び法定準備金の取崩等に関する会計基準」と「自己株式及び
法定準備金の取崩等に関する会計基準適用指針」が公表され，取得した自己株
式は，取得原価をもって資本の部から控除することや，期末に保有する自己株
式は，資本の部の末尾に自己株式として一括して控除する形式で表示すること
などが明記されました。これにより，現在まで続く自己株式に係る会計処理の
枠組みが固まりました。

その後，この会計基準と適用指針は，「自己株式及び準備金の額の減少等に関する会計基準（企業会計基準第 1 号）」と「自己株式及び準備金の額の減少等に関する会計基準の適用指針（企業会計基準適用指針第 2 号）」に改正されており，これらが現行の基準となっています。

3 ▎ 会計処理の概要

現在の自己株式に係る会計処理を要約すると以下のようになります。

- 取得した自己株式は，取得原価をもって純資産の部の株主資本から控除する。
  - ➡資産計上しない
- 自己株式を無償で取得した場合には，自己株式の数のみの増加として処理する。
  - ➡会計処理は行わない
- 期末に保有する自己株式は，純資産の部の株主資本の末尾に自己株式として一括して控除する形式で表示する。
  - ➡株主資本の各構成要素に配分しない
- 自己株式を処分した場合の利益である自己株式処分差益は，その他資本剰余金に計上する。
  - ➡損益処理しない
- 自己株式を処分した場合の損失である自己株式処分差損は，その他資本剰余金から減額する
  - ➡損益処理しない
- 自己株式の処分で処分差損が生じ，期末のその他資本剰余金がマイナスになった場合には，その他資本剰余金をゼロとし，マイナスの分だけその他利益剰余金（繰越利益剰余金）から減額する。
  - ➡その他資本剰余金が，期末時点でマイナスになることはない

> ■ 自己株式を消却した場合には，自己株式の帳簿価額をその他資本剰余金から減額する。
>
> ➡消却差額は発生しない
>
> ■ 自己株式の消却により期末のその他資本剰余金がマイナスになった場合には，その他資本剰余金をゼロとし，マイナスの分だけその他利益剰余金（繰越利益剰余金）から減額する。
>
> ➡その他資本剰余金が，期末時点でマイナスになることはない
>
> ■ 自己株式の取得・処分・消却に関する付随費用は，損益計算書の営業外費用に計上する。
>
> ➡取得原価・処分差額に含めない

　このうち，「自己株式を無償で取得した場合には，自己株式の数のみの増加として処理する」という部分について少し解説を付け加えると，「数のみの増加として処理する」ということは，会計処理が必要ないということを意味しています。

　例えば以下のように，もともと自己株式50千株（帳簿価額は10,000千円）を保有していた状態から，1千株を無償で取得した場合，帳簿価額は増加させずに10,000千円のままで，保有株式数を1千株増加させて，自己株式数の残高は51千株（帳簿価額は10,000千円）となります。分子が変わらず，分母が増加するため，結果的に，1株当たり帳簿価額が下がることになります。価値のあるものを無償で譲渡するという行為には経済合理性がないようにも思えます

【図表Ⅰ-2-1】　自己株式の数のみの増加による1株当たり帳簿価額への影響

自己株式	無償取得前	無償取得	無償取得後
帳簿価額	10,000 千円 ➡	0 千円 ➡	10,000 千円
株式数	50 千株 ➡	1 千株 ➡	51 千株
1 株当たり帳簿価額	200.00 円 ➡	0.00 円 ➡	196.08 円

が，例えば企業再生の際に，自己株式を保有していると処理が煩雑となることから，手続を円滑に進めるために，株主が発行会社に株式を無償で譲渡するというケースがみられます。

　無償取得の場合には，取得に伴って会社から現金が流出することはないため，株主への払戻しは発生していないと考えることができます。このように考えると，自己株式の取得は資本の払戻しであるという資本払戻説の立場をとる会計の観点からは，株主への払戻しが発生していない無償取得取引に関しては，会計処理が不要だとされていることと整合しているのがわかります。無償取得であれば，会社債権者の利益を害することなく，また，株主間における投下資本回収機会の不平等も発生しないため，会社法にはいかなる規制も設けられていません。

3　税務処理の概要

1 ┃ 法人税法における自己株式の取扱いの変遷

　法務・会計の両分野において自己株式の取扱いが変遷してきたように，税務上も，資産としての考え方から資本の払戻しとしての考え方に変わってきた経緯があります。

　具体的には，2002年の税制改正前は，自己株式を取得した際に，法人税法上，資産の増加として取り扱っていました。そして，自己株式を譲渡した際には譲渡損益を認識し，所得金額の計算において，益金または損金の額に算入することになっていました。つまり，自己株式を一般の株式と同じように取り扱っていたということになります。

　ところが，2002年に税制改正が行われると，自己株式の譲渡は資本等取引とされました。資本等取引とは，資本金等の額の増減を生ずる取引であり，所得の金額の計算には含めない取引をいいます。これにより，自己株式を譲渡した際に生じる売却価額と帳簿価額との差額は所得に含めることなく，資本金等の金額を増減させることになりました。

　また，2002年の税制改正では，みなし配当の考え方が導入され，自己株式の取得のために支払った金銭等が取得資本金額を超える場合には，その超過額をみなし配当として利益積立金額から控除することとされました。

　取得資本金額とは，自己株式の取得直前の資本金等の額を発行済株式総数で除し，これに取得した自己株式数を乗じた金額をいいます。取得資本金額は，自己株式の取得により減少する資本金等の金額を指しますから，これを上回る金額で自己株式を取得した場合には，その超過額は，実質的に配当が行われたものとされ，みなし配当として取り扱うことになります。

　数式で表すと，以下のようになります。

資本金等の額の減算額

$$= \frac{\text{取得直前の資本金等の額}}{\text{取得直前の発行済株式総数（自己株式数を除く）}} \times \begin{array}{c}\text{取得する}\\\text{自己株式数}\end{array}$$

利益積立金額の減算額（みなし配当の金額）

$$= \text{交付金銭等の額} - \text{資本金等の額の減算額}$$

設 例

【前提条件】
- A社は，X2年度において自己株式100株（@2,500）を取得し，金銭により250,000を支払った。
- A社の発行済株式総数は5,000株である。
- A社のX1年度末における資本金等の金額は5,000,000であった。

【設例の解説】
〈取得資本金額の算定〉
X1年度末の資本金等の額5,000,000÷発行済株式総数5,000株×取得株式数100株
＝100,000

〈利益積立金の減少額〉
@2,500×100株 − 100,000 ＝ 150,000

〈みなし配当〉
　自己株式の取得のために支払った金銭250,000（＝@2,500×100株）が，取得資本金額100,000を超過しており，超過額の150,000をみなし配当として利益積立金額から控除する。

このように，税務の分野でも自己株式の「取得」と「処分」に係る処理では，資本の払戻しとしての考え方を取り入れたわけですが，一方で「保有」に関しては，この改正が行われた2002年時点でも資本等取引とはなっていません。すなわち，自己株式は，引き続き有価証券の範囲に含まれ，資産としての取扱いが継続していました。こうして見ると，税務上は，自己株式を資産として取

り扱う場面と資本の払戻しとして取り扱う場面が混在していたということになります。

　ただ，その後の2006年に施行された会社法の影響を受けて，同年の税制改正では，有価証券の定義から自己株式が外れ，自己株式に係る取引はすべて資本等取引として取り扱うことに変更されました。これにより，これまでは資産として取り扱っていた取得資本金額に相当する部分も，資本金等の額から控除することになりました。株主に対する資本の払戻しを，資本金等の額からの払戻しと，それを上回って払い戻ししたときの利益積立金額からの払戻しに区分計算することになったわけです。

　先程の設例でいうと，自己株式の取得のために支払った金銭が取得資本金額を超えている部分（150,000）だけでなく，取得資本金額に相当する部分（100,000）も資本金等の額から控除することになりました。この改正により，「保有」の場面においても，「取得」・「処分」の場合と同様に資本の払戻しとして取り扱うことになり，一貫した取扱いになりました。

　また，併せて，これまでは有価証券の購入費用として取得価額に含められ，損金とならなかった購入手数料が，取得時点で損金の額に算入されることになりました。その結果，取得に伴う付随費用を営業外費用として計上することになっている会計処理と税務の間で相違がなくなり，税務調整が不要になりました。

　「取得」・「保有」・「処分」に分けて税務上の取扱いの変遷をまとめると，図表 I - 3 - 1 のようになります。

【図表 I - 3 - 1】　税務における自己株式の取扱いの変遷

区分	2002 年税制改正前	2002 年税制改正後	2006 年税制改正後
自己株式の取得・保有	商法上，特定の場合を除き，原則として禁止されている。	取得資本金額を資産として取り扱う。	取得資本金額についても，「資本金等の額」から減額する。
		自己株式を取得するために支払った	自己株式を取得するために支払った

		金銭等が，取得資本金額を超える場合，その超過額を「みなし配当」とし「利益積立金額」から控除する。	金銭等が，取得資本金額を超える場合，その超過額を「みなし配当」とし「利益積立金額」から控除する。
自己株式の処分	自己株式の処分（売却）価額と帳簿価額との差額は譲渡損益として益金・損金に算入し，所得の計算に含む。	自己株式の処分（売却）価額と帳簿価額との差額は所得の計算に含まず，同額だけ資本金等の金額を増減させる。	新株発行の場合と同様に，払込金額（自己株式の処分価額）の全額を，「資本金等の額」の増加とする。

　なお，上場会社等が市場取引によって自己株式を取得する場合は，みなし配当は発生せず，交付金銭の額の全額を，資本金等の額の減少として処理します。

2 ▌ 現行の税務処理のまとめ

(1)　取得時

> 原則として，取得資本金額を資本金等の額から減少させる。
> みなし配当が発生する場合には，その金額分を利益積立金額から減少させる。
> 課税関係は発生しない。

(2)　保有時

> 保有自己株数を，発行済株式数から除外する。

(3)　処分時

> 処分価額（払込金額）の全額を資本金等の額の増加とする。

(4) 消却時

> 税務計算に，何ら影響を及ぼさない。
> （取得時点で資本の払戻しとして処理し，発行済株式数から除外するため，消却時に課税関係は発生しない。）

3 申告書における調整

　会計と税務における処理方法の違いは，申告書の別表で調整することになります。ここでは，自己株式を取得した場合を例としてとりあげると，**別表四と別表五**(1)での調整が必要になります。自己株式の取得は資本取引であることから，所得金額には影響がありませんが，みなし配当に伴う留保利益の減少を反映させるために別表四に記載して調整することになります。

　なお，税務においては，最終的な計算結果が正しければよいわけで，税務調整の方法に唯一の正解があるわけではなく，申告書の記載方法には様々なバリエーションがあります。以下に記しているのは，1つの例となりますのでご留意ください。

設例

　自己株式の取得にあたって交付した金銭等の額が100で，税務上の資本金等の額の減少額が80，利益積立金額の減少額（みなし配当）が20であった場合には，会計と税務とで以下のような仕訳の相違が発生し，**別表四と別表五**(1)で調整する。

【会計上の仕訳】

自己株式	100	現金預金	100

【税務上の仕訳】

資本金等の額	80	現金預金	100
利益積立金額	20		

【別表四】

区　分		総額	処分	
			留保	社外流出
		①	②	③
当期利益または当期欠損の額				
加算	みなし配当	20		20
減算	自己株式	20	20	
所得金額または欠損金額			▲20	20

　みなし配当に伴う留保利益の減少を反映させる。

【別表五㈠】

Ⅰ　利益積立金額の計算に関する明細書

区　分	期首現在利益積立金額	当期の増減		差引翌期首現在利益積立金額 ①−②+③
		減	増	
	①	②	③	④
利益準備金				
資本金等の額			▲20	▲20
繰越損益金				
差引合計額			▲20	▲20

　みなし配当に相当する20だけ，利益積立金額を減少させる。

Ⅱ　資本金等の額の計算に関する明細書

区　分	期首現在資本金等の額	当期の増減		差引翌期首現在資本金等の額 ①−②+③
		減	増	
	①	②	③	④
資本金または出資金				
資本準備金				
自己株式		100		▲100
利益積立金額			20	20

　　会計上の帳簿価額である100を全額自己否認し，実際の資本金等の額の減少額は80であるべきであり，みなし配当に相当する20を増加欄で調整する。

❹　自己株式を取得できるケース

1 ┃ 限定列挙

　法律や会計の分野でもそうですが，一般に，規定や規則を読み解く際に，「限定列挙」・「例示列挙」という表現が使われることがよくあります。

　「限定列挙」とは，契約書や条文などに明記されている個別具体的な場合しか認めないというものであり，「例示列挙」とは，契約書や条文で示されているのはあくまで具体例であり，そこに書かれている場合は当然認めるが，書かれていない場合も認め得るというものです。

　会社法155条では，自己株式を取得できる場合について，以下のように規定されています。

▶会社法155条

> 株式会社は，次に掲げる場合に限り，当該株式会社の株式を取得することができる。

　「～の場合に限り，～できる」と表現されていることから，これは限定列挙であり，条文に書かれている場合以外では自己株式を取得することができません。

　❶において，2001年の商法改正により自己株式の取得が原則として自由化されたという解説をしましたので，限定列挙であるならば自由とはいえないのではないかという疑問が頭の中によぎるかもしれません。しかし，ここでいう「自由」とは，「目的の制限なく自由に」という意味です。「どんな状況でもいい」・「どんなやり方でもいい」という意味ではありません。

　それまでは，株式を消却する目的での取得や，合併のための取得など，限られた目的でしか自己株式を取得することが認められていませんでした。しかし，2001年の商法改正により，「株主との合意に基づき，株主総会決議により取得

する場合」も認められるようになりました（会社法155条3号）。手続として株主総会決議を経る必要はあるものの，売手となる株主と合意していれば，目的を問わず取得できるようになったのです。もっといえば，事前に目的を定めておく必要もないわけです。このように，限定列挙という建付けになっているものの，取得の自由度は格段に広がっています。

　所定の手続を経れば自由に取得できるという解釈の方が実態に近いといえるでしょう。

　会社法155条では，自己株式を取得できるケースとして，具体的に以下のような場合が挙げられています。❺で解説する財源規制の内容も踏まえると，図表Ⅰ-4-1のようにまとめることができます。

【図表Ⅰ-4-1】　自己株式を取得できる場合

会社法等の条文	取得が認められているケース	財源規制の有無
155条1号	取得条項付株式の取得事由が生じた場合	有 170条5項
155条2号	譲渡制限株式について，株式会社が売渡請求をする場合	有 461条1項1号
155条3号	株主との合意に基づき，株主総会決議により取得する場合	有 465条1項2号3号
155条4号	取得請求権付株式の株主から取得請求された場合	有 166条1項但書
155条5号	全部取得条項付種類株式を取得する株主総会決議があった場合	有 461条1項4号
155条6号	譲渡制限付株式を承継した相続人に対して売渡請求をする場合	有 461条1項5号
155条7号	単元未満株式の買取請求があった場合	無
155条8号	所在不明株主の株式を競売し，自らが買い取る場合	有 461条1項6号

155 条 9 号	端数株式の処理のため，自らが買い取る場合	有 461 条 1 項 7 号
155 条 10 号	他の会社の事業の全部譲受により取得する場合	無
155 条 11 号	合併により消滅会社から承継する場合	無
155 条 12 号	吸収分割にあたり，分割会社から承継する場合	無
155 条 13 号	その他法務省令で定める場合	
会社法施行規則 27 条 1 号	無償で取得する場合	無
会社法施行規則 27 条 2 号	他法人の株式に係る配当として自己株式を取得する場合	無
会社法施行規則 27 条 3 号	組織再編や取得条項付株式の取得の対価として取得する場合	無
会社法施行規則 27 条 4 号	取得条項付新株予約権の取得対価として交付を受ける場合	無
会社法施行規則 27 条 5 号	組織再編等における反対株主の株式買取請求権が行使された場合	無
会社法施行規則 27 条 6 号	合併により消滅する法人等から承継する場合	無
会社法施行規則 27 条 7 号	他の法人等の事業の全部譲受により取得する場合	無
会社法施行規則 27 条 8 号	権利の実行にあたり，目的を達成するために必要不可欠である場合（例えば，債務者が，その会社の自己株式以外に目ぼしい財産を有しない場合に，その自己株式を強制執行や代物弁済として取得・受領する場合）	無

2 ┃ 取得方法

　前述のとおり，会社法155条 3 号において，株主との合意に基づいて株主総会決議により自己株式を取得することが認められたことで，取得の自由度は格段に広がりました。金額的にいえば，図表Ⅰ- 4 - 1 で列挙したケースの中でも，この条文に基づく自己株式の取得が日本で最も多いと見込まれます。

　ただし，株主との合意があればどのような取得方法でもよいかというとそうではありません。自己株式を取得すれば，会社の純資産が減少してしまうわけですから，会社債権者としては決して望ましいことではありません。また，特定の株主からだけ自己株式を買い付けると，株主間の不平等が生じてしまいます。このため，社長の知り合いである株主Aが売却したいと言ってきたから，「じゃあ，買いましょう」というわけにはいきません。会社法では，会社債権者保護や株主間の平等を確保するため，取得方法についても様々な規制が設けられています。

　まず，主な取得方法としては，以下の 5 つの方法のいずれかによることになります。

---

(1) 立会内取引による取得（オークション市場での取得）
(2) 立会外取引による取得（ToSTNeT-2やToSTNeT-3での取得）
(3) 公開買付（TOB）による取得
(4) 特定の株主からの取得
(5) ミニ公開買付

---

(1)　立会内取引

　上場会社であれば，証券取引所において，株式の売買が日々行われており，市場の中で自己株式を取得することができます。流通市場から市場価格で買い入れるこの方法は，海外では〝Open Market Repurchase〟と呼ばれています。

　この方法による場合には，すべての株主に売却の機会があり，取得価格の公正性も確保されていることから，株主間の不公平は生じません。このため，あ

らかじめ定款にその旨を定めておけば，株主総会決議によることなく，取締役会決議により自己株式を取得することができます（会社法165条）。

　一般に，上場会社の定款では，機動的に自己株式を取得できるように，以下のような規定が設けられています。

> 　当会社は，会社法第165条第2項の規定により，取締役会の決議によって市場取引等により自己の株式を取得することができる。

　本来，この方法によって自己株式を取得する場合，株主に対する通知・公告の必要はありません。

　ただし，立会内取引で自己株式を取得する場合でも，稀に事前公表型で行われることがあります。事前公表型とは，大株主等からの売却が予定されている場合等に，買付日の前日にあらかじめ具体的な買付内容を公表した上で，当日に市場で買付けを執行するものです。本来であれば，事前に公表する必要はないのですが，事前に買付内容を公表することで，インサイダー取引規制等の問題を回避しつつ，大株主等からまとまった数量の買付けを行うことが可能になります。なお，このときの注文は，株価の不当なつり上げを回避するべく，前日終値以下の価格による指値注文に限られており，成行注文は内閣府令で禁止されています。

　しかし，過去の取引事例を遡ってみても，事前公表型でのオークション市場における自己株式の取得は直近10年間でも数件しか実施されておらず，事前公表型での取引を行う際には，立会内取引ではなく，後述する立会外取引が選好される傾向にあります。

(2)　立会外取引による取得

　自己株式の取得方法として最も数多く利用されているのは，(1)のオークション市場における取得ですが，次に多いのがこの立会外取引です。

　立会外取引とは，証券取引所の通常の取引時間（立会取引）以外に行われる取引のことで，主に機関投資家の大口取引やバスケット取引などに利用されています。立会取引において大口の注文を出すと，株価に直接的な影響を与えてしまいます。また，市場参加者に様々な思惑を抱かせてしまうこともあります。

そこで，これらの不都合を回避するために，立会外の市場が用意されています。

　立会外取引は，東京証券取引所では，電子取引ネットワークシステムであるToSTNeT（Tokyo Stock Exchange Trading Network System）を通じて売買され，このうち自己株式を取得する方法としては，終値取引（ToSTNeT-2）と自己株式立会外買付取引（ToSTNeT3）という仕組みが整備されています。これらは事前公表型の取引に位置づけられます。

　立会外市場も「市場」の一種ですから，立会外取引は会社法の「市場において行う取引」に含まれることになります。このため，立会内取引の場合と同様に，あらかじめ定款にその旨を定めておけば，株主総会決議によることなく，取締役会決議により自己株式を取得することができ（会社法165条），機動的な自己株式の取得が可能です。

　終値取引（ToSTNeT-2）も自己株式立会外買付取引（ToSTNeT3）も，取引条件を事前に投資家に公表して，立会外で自己株式を取得するという点では共通しますが，約定の方法などに違いがあります。

　まず，終値取引（ToSTNeT-2）では，株券の発行者以外も買主として参加することができます。

　すなわち，A社が自己株式を取得しようとしているときに，A社以外もこの取引に買手として参加できるため，いわゆる，第三者の割り込みが発生してしまうことがあります。また，約定の優先順位が時間優先となっている点も終値取引（ToSTNeT-2）の特徴です。終値取引（ToSTNeT-2）では，原則として，売注文と買注文がマッチングする度に，東証に早く発注されたものから優先して取引が成立します。

　この時間優先の例外としてはクロス注文（同一銘柄かつ同数量の買い注文と売り注文を同一価格で同時に発注すること）による取引がありますが，自己株式の取得においては，クロス注文による発注はできません。

　クロス取引は，東証への注文が届いた時間に関係なく優先して取引が成立するため，通常の注文方法による売主の注文を排除してしまうことになり，会社法における株主平等原則の趣旨に反するからです。VWAP取引と呼ばれる，出来高加重平均価格（Volume Weighted Average Price）を基準にした価格での取引はクロス取引に限定されていることから，自己株式の取得に際しては

VWAP取引を選択することができません。

【図表Ⅰ-4-2】　終値取引（ToSTNeT-2）の流れ

時系列	株主総会決議に基づく取得	取締役会決議に基づく取得
買付日の前日より前	株主総会における自己株式取得議案の提出を決定する	定款に基づいて，自己株式を取得することを取締役会で決議する
	株主総会において，自己株式の取得を決議する	
	事前に売却の意向を示している株主や売却してくれるよう依頼する株主等に対して，売却の意向を確認する	
買付日の前日 15：00	買付日前日の終値が確定する	
買付日の前日 15：00以降	終値取引による買付内容を決定する	
	買付内容を適時開示情報伝達システム（TDnet：Timely Disclosure network）に登録する	
買付日 8：20まで	証券会社に発注する	
買付日 8：20～8：45	証券会社が東証に発注する	
	取引が成立する	
買付日 8：45以降	買付結果を適時開示情報伝達システム（TDnet：Timely Disclosure network）に登録する	

　一方，自己株式立会外買付取引（ToSTNeT-3）では，その株式の発行者しか買い注文を出すことができないため，終値取引（ToSTNeT-2）のような第三者の割り込みは発生しません。また，売付注文数量が買付注文数量を超過する場合には，先着順ではなく，比例按分方式により取引が成立します。

　自己株式立会外買付取引（ToSTNeT-3）は，その名のとおり，自己株式を取得するための専用のスキームとして2008年に導入された仕組みで，使い勝手が良いことから，現在の立会外取引における主流の取引形態となっています。

【図表Ⅰ-4-3】　自己株式立会外買付取引（ToSTNeT-3）の流れ

時系列	株主総会決議に 基づく取得	取締役会決議に 基づく取得
買付日の前日 より前	株主総会における自己株式取得議案の提出を決定する	定款に基づいて，自己株式を取得することを取締役会で決議する
	株主総会において，自己株式の取得を決議する	
	売却の意向を示している株主や売却してくれるよう依頼する株主等に対して，売却の意向を確認する	
買付日の前日 15：00	買付日前日の終値が確定する	
買付日の前日 15：00以降	自己株式立会外買付取引による買付内容を決定する 証券会社に発注する	
	証券会社が東証に自己株式立会外買付取引を届け出る	
	買付内容を適時開示情報伝達システム（TDnet：Timely Disclosure network）に登録する	
買付日 8：00〜8：45	取引が成立する	
買付日 8：45以降	買付結果を適時開示情報伝達システム（TDnet：Timely Disclosure network）に登録する	

　なお，事前公表型の自己株式取得取引を行う場合には，すでに会社内部で決定している重要事実や決算に関する事実，例えば，業績予想・配当予想の修正や資本業務提携といった事項を公表した上で実行しなければなりません。このため，決算発表に合わせた形で事前公表型の自己株式取得取引を行う事例も数多く見られます。

　両取引の違いを対比する形でまとめると**図表Ⅰ-4-4**のようになります。

【図表 I-4-4】 終値取引（ToSTNeT-2）と自己株式立会外買付取引
　　　　　　（ToSTNeT-3）の対比

	終値取引 （ToSTNeT-2）	自己株式立会外買付取引 （ToSTNeT-3）
対象商品	内国株式・外国株式 ETF・REIT・CB	内国株式・外国株式 REIT
売買単位	最低単位から可能	最低単位から可能
東証への届出	前日	前日
買注文 受付時間	8時20分～16時	－ （第三者は参加できない）
売注文 受付時間	8時20分～16時	8時～8時45分
取引時間	①8時20分～8時45分 ②11時30分～12時15分 ③15時～16時	午前8時45分
取引価格	① 前日終値 ② 前場終値・前場VWAP ※1 ③ 当日終値・後場VWAP ※1・ 　終日VWAP ※1	前日終値
呼　値	終値取引：立会市場と同じ VWAP取引※1：取引所が 算出する売買高加重平均価格	立会市場と同じ
約定（買手）	時間優先	発行会社のみ
約定（売手）	時間優先	比例按分
決　済	3日目	3日目
信用取引	可能	不可
貸借取引	可能	不可

※1　前述のとおり，VWAP取引は同一参加者におけるクロス注文のみが認められており，
　　自己株式の取得においては，クロス注文による発注ができないため，VWAP取引を選
　　択することはできない。

⑶　公開買付による取得

　上場会社では，株主総会の特別決議を経て特定の株主から取得する場合を除き，市場取引以外で自己株式を取得するには公開買付の方法によらなければなりません（金融商品取引法27条の22の2）。

　この公開買付による場合には，「市場において行う取引」の場合と同様に，あらかじめ定款にその旨を定めておけば，株主総会決議によることなく，取締役会決議により自己株式を取得することができます（会社法165条）。

　株式の公開買付は，TOB（Take Over Bidの略称）と呼ばれます。企業の買収手段のひとつで，買収対象企業の株式を買い付ける期間や取得価格，取得株数などの条件を公開して，不特定の投資家から株式を買い集める方法です。ニュースや新聞などでは，「外資系ファンドがA社に対して敵対的TOBを仕掛けた」といったことが記事になりますが，買収対象となっている企業が買付に同意していないのに一方的に実施するものを敵対的TOBと呼びます。逆に，買収対象となっている企業の経営陣が買収に賛同しているものを友好的TOBと呼びます。実際に行われている数は友好的TOBの方が圧倒的に多く，敵対的TOBは直近10年間で20件にも満たないのですが，その話題性から，マスメディアでは大きく取り上げられます。

　さて，金融商品取引法では，市場内・市場外を問わず，全体の3分の1を超える大量の株式を取得する場合には，TOBによることが義務づけられています（金融商品取引法27条の2第1項2号）。TOBを実施する場合には，公開買付届出書を提出し，公開買付開始公告をする必要があるなど，様々な手続が必要となります。公開買付に係る規制の趣旨は，特定の株主が会社の支配権を獲得することによって少数株主が不利益を被ってしまうことを防止するとともに，適切な情報開示を通じて，株主に公平な売却の機会を確保することで，株主間の平等を図ることにあります。

　このTOBは，自己株式を取得する際にも利用することができます。これは，他社株式のTOBの場合のように，株券の所有割合が全体の3分の1を超えるからという強制的な理由ではなく，大量の自己株式を取得したい，柔軟な取得価格で自己株式を取得したい，といった発行会社側のニーズから選択的に実施

されます。

　自己株式を取得するためのTOBとしては，大株主から株式の売却の打診を受けてTOBを実施する事例や，ROE（自己資本利益率）などの各種指標の改善を目的として株式の発行会社が大株主に売却を打診して行われるTOBがその典型例といえます。前述の終値取引（ToSTNeT-2）や自己株式立会外買付取引（ToSTNeT-3）では，取得価格が市場価格をもとにして画一的に決まってしまうのに対して，自己株式のTOBでは発行会社側で決定することができます。すなわち，市場価格に対してプレミアムを付けて高く設定することも，ディスカウントして安く設定することもできるわけです。

　市場価格による買付では予定数の応募が見込まれない場合であればプレミアムを付けることになりますし，大株主による売却を優先する場合にはディスカウントするケースが多いでしょう。

　実際の事例を見ると，市場価格からディスカウントした価格で買付を行う事例が圧倒的に多くみられます。

　自己株式を公開買付により取得する場合にも，公開買付届出書の提出や，公開買付開始公告などが必要な点は他社株式のTOBの場合と同じですが，自己株式のTOBでは，買付予定数の下限を設定することができない点が大きな特徴といえます。このため，予定していた株式数の応募がなかったとしても，公開買付は成立することになります。

　また，自己株式の公開買付は，重要な情報を数多く有している発行会社自身が行うものであることから，取引の公正性を確保するため，未公表の重要事実がある場合には，公開買付届出書を提出する日より前に公表しなければならず（金融商品取引法27条の22の3第1項），この点も他社株式の公開買付とは異なる点です。なお，公開買付期間中に重要事実が生じた場合や新たに判明した場合には，直ちにその重要事実を公表し，応募者に通知しなければなりません（金融商品取引法27条の22の3第2項）。

　自己株式の公開買付を実施する場合には，**図表Ⅰ-4-5**のようなスケジュールが考えられます。

【図表 I - 4 - 5】　自己株式の公開買付のスケジュール（例）

スケジュール	実施手続	説　明
公開買付開始公告の前日	取締役会決議	定款にその旨を定めておけば，株主総会決議によることなく，取締役会決議により自己株式を取得することができる（会社法 165 条）。
任意	応募契約の締結	公開買付が成立する可能性を高めるために，大株主との間で，応募を義務づける契約を締結することがある。
事象が発生した後遅滞なく	プレスリリース	会社の運営，業務・財産・上場株券等に関する重要な事項で，投資者の投資判断に著しい影響を及ぼすものがある場合には公表する。
公開買付の開始前	公開買付開始公告	公開買付者の氏名・名称，住所・所在地，公開買付により株券等の買付を行う旨，買付の目的，価格，買付予定株券等の数，買付期間，買付後の株券等所有割合等を公告する。
公開買付開始公告を行った日	公開買付届出書の提出	買付価格，買付予定数，買付期間，買付等に係る受渡・決済の条件，公開買付の目的，公開買付者等を記載した公開買付届出書を財務局に提出する。
買付まで	公開買付説明書の交付	公開買付届出書の内容等を記載した公開買付説明書を作成し，これを応募株主に対して交付する。
公開買付開始後，20 営業日以降	公開買付期間終了	公開買付期間は最低 20 営業日を確保する必要がある。
買付期間終了後遅滞なく	応募株主への通知	応募した株主に対して，買付等の通知書を送付する。

事象が発生した後遅滞なく	プレスリリース	会社の運営，業務・財産・上場株券等に関する重要な事項で，投資者の投資判断に著しい影響を及ぼすものがある場合には公表する。
公開買付期間の末日の翌日	公開買付報告書の提出	買付けの内容・結果をまとめた公開買付報告書を財務局に提出する。
買付期間終了後5営業日以内	大量保有報告書の提出	大量保有者となった日から5営業日以内に財務局に提出する。
翌月の15日まで	自己株券買付状況報告書の提出	自己株式の買付状況を各報告月の翌月15日までに財務局に提出する。
買付期間終了後	代金の決済	金銭にて代金の決済と株券等の受渡を行う。

(4)　特定の株主からの取得

　市場取引によって自己株式を取得する場合と異なり，特定の株主のみから自己株式を取得する場合には，売却機会に係る株主間の平等が確保されません。このため，要求される手続が厳格になっており，株主総会の特別決議が必要となります。特定の株主から自己株式を取得しようとする会社は，①取得する自己株式の種類・数，②株式の取得と引換えに交付する金銭等の内容と総額，③株式を取得できる期間，④自己株式の取得に関する事項の通知を株主に対して行う旨を株主総会で決議しなければなりません（会社法309条2項2号）。

　一方で，株主は，その株主総会の議案の中に，自らも売主として加えることを請求することができ（会社法160条3項），希望する株主は，株主総会の5日前までにこの請求を行う必要があります。この権利は，売主追加請求権と呼ばれています。会社側は，株主に対して，この請求ができる旨を，株主総会の2週間前までに株主に通知しなければなりません（会社法160条3項）。

　その後，開催された株主総会で議案が承認された場合，会社は，自己株式を取得しようとする都度，取締役会決議により取得価格等を決定し（会社法157

条），その特定の株主に対して決定事項を通知することになります（会社法158条）。その後，売主である株主からの譲渡の申込を受けて，売買が成立します。

　なお，特定の株主から自己株式を取得する場合であっても，それが上場会社をはじめとした市場で取引されている株式で，かつ，市場価格以下で取得する場合には，他の株主は不利益を被ることがありません。なぜなら，他の株主は，市場において，より有利な価格で売却できるからです。そのため，売主追加請求権は認められていません（会社法161条）

　この他にも，非公開会社において，相続によって株式を取得した者から売却の打診を受けた場合にも売主追加請求権は発生しないものとされています（会社法162条）

(5)　ミニ公開買付

　非上場の企業においては，ミニ公開買付と呼ばれる手法により自己株式を取得することができます。ミニ公開買付は，全株主に申込の機会を与える方法であり，株主総会の普通決議による取得が可能です。会社法では，このミニ公開買付が，自己株式を取得する原則的な方法であるという建付けですが，上場会社ではこの方法によることはできません（金融商品取引法27条の22の2）。

　ミニ公開買付により自己株式を取得しようとする会社は，①取得する自己株式の種類・数，②株式の取得と引換えに交付する金銭等の内容と総額，③株式を取得できる期間を株主総会で決議しなければなりません（会社法156条1項，309条1項）。

　株主総会で承認された場合，会社は株主総会決議の枠内で以下の事項を取締役会で決定します。

- 取得する自己株式の種類・総数
- 自己株式1株の取得と引換えに交付する金銭等の内容・数・金額・算定方法
- 株式の取得と引換えに交付する金銭等の総額
- 株式の譲渡の申込期日

　その後，会社は，取締役会で決定した内容を株主に通知します（会社法158条1項）。株主への通知は個別の通知が原則となっていますが，公開会社の場合には，公告によることができます（会社法158条2項）。

　一般的には，以下のような公告を行います。

　　　　　　　　　　　　　　　　　　　　　　　　××年××月××日
　株主各位

　　　　　　　　　　　　　　　　　　　東京都千代田区××××
　　　　　　　　　　　　　　　　　　　株式会社××××××
　　　　　　　　　　　　　　　　　　　代表取締役××××

自己株式取得事項の通知公告

　当社は、××年××月××日開催の取締役会において、××年××月××日開催の第××期定時株主総会のご承認を受け，自己株式の取得を実施することを決議いたしましたので、会社法第158条に基づき下記のとおり公告いたします。

　　　　　　　　　　　　　　　　　記

1．取得する株式の種類　　　　当社普通株式
2．取得する株式の総数　　　　×××,×××株
3．株式一株当たりの取得価格　×××円
4　株式取得価格の総数　　　　×××,×××,×××円
5．株式の譲渡しの申込期日　　××年××月××日

　　　　　　　　　　　　　　　　　　　　　　　　　　　　以上

　公告を受けて，売主である株主から譲渡の申込があった場合，会社は何らの意思表示をすることなく，事前に取締役会で決議されている申込期日において会社の承諾があったものとみなされ，売買が成立します（会社法159条2項）。

　なお，譲渡の申込のあった自己株式の総数が，取締役会で決議されている総数を超過した場合，以下のような比例按分計算により各株主の譲渡数が決定されます。

$$
個々の株主の譲渡数 = 個々の株主の申込数 \times \frac{取得する株式の総数}{全株主からの申込総数}
$$

3 ┃ 本章のまとめ

　少し長くなったので，本章の内容を簡単にまとめると，会社が自己株式を取得できるのは，会社法155条に定められた場合に限られます。その中には，株主との合意に基づき，株主総会決議により取得する場合（155条3号）が含まれており，取得方法としては，**図表Ⅰ-4-6**のように，①立会内取引による取得（オークション市場での取得），②立会外取引による取得（ToSTNeT-2やToSTNeT-3での取得），③公開買付（TOB）による取得，④特定の株主からの取得，⑤ミニ公開買付があります。

【図表Ⅰ-4-6】 株主との合意に基づいて自己株式を取得する方法

取得方法	対象株式	決定機関	通知・公告
立会内取引による取得	主に上場株式	定款の授権による取締役会決議	不要
立会外取引による取得	主に上場株式	定款の授権による取締役会決議	不要
公開買付（TOB）による取得	主に上場株式	定款の授権による取締役会決議	必要
特定の株主からの取得	上場株式 非上場株式	株主総会（特別決議）	個別通知（公開会社は公告で代替不可）
ミニ公開買付	非上場株式	株主総会（普通決議）	個別通知（公開会社は公告で代替可能）

5 財源規制

1 ▎財源規制の概要

　前述のように，自己株式の取得は株主資本の払戻しとしての性格を有しており，実際に会社の資産を社外に流出させることになります。これは，会社債権者の立場からすると好ましいことではありません。このため，会社債権者保護の観点から，会社法では取得の段階と期末の段階に分けて財源の規制が設けられています。

　まず，取得時の制限としては，分配可能額の範囲内でしか自己株式を取得できないことになっています（会社法461条）。分配可能額とは，この後で詳述しますが，剰余金の額を基準として，一定の項目を加算・減算して算出される金額です。ざっくりとした理解では，剰余金の額を大きく超えて自己株式を取得することはできないということです。この制限に違反して自己株式を取得した場合には，その自己株式の取得は無効とされることがあり，自己株式の取得に応じた株主（売却した株主）には受け取った対価の返還義務が生じ，取締役等にも連帯責任が課されています（会社法462条1項1号）。

　また，期末時の制限としては，自己株式を取得した日の属する事業年度末の計算書類において分配可能額がマイナスとなった場合には，取締役等に欠損額を支払う連帯責任が課されています（会社法465条1項2号3号）。なぜ，期末の段階でも財源が規制されているかというと，その事業年度において多額の損失が見込まれる状況下で自己株式の取得が行われてしまうと，財源規制の趣旨である会社債権者保護を貫徹することができないからです。

　具体的には，**図表Ⅰ-5-1**のようなケースで自己株式を取得する場合に，財源規制が適用されます。この中には，株主との合意に基づき株主総会決議により取得する場合（会社法155条3号）が含まれており，通常は財源規制に服すると考えてよいでしょう。

【図表 I-5-1】　財源規制が適用される場面

ケース	条　文
譲渡制限株式の売渡請求により取得する場合	会社法 155 条 2 号 会社法 461 条 1 項 1 号 会社法 462 条 1 項 会社法 465 条 1 項 1 号
株主との合意に基づき株主総会決議により取得する場合	会社法 155 条 3 号 会社法 461 条 1 項 2 号 会社法 461 条 1 項 3 号 会社法 462 条 1 項 1 号 会社法 465 条 1 項 2 号 会社法 465 条 1 項 3 号
全部取得条項付種類株式を取得する株主総会決議により取得する場合	会社法 155 条 5 号 会社法 461 条 1 項 4 号 会社法 462 条 1 項 3 号 会社法 465 条 1 項 6 号
所在不明株主の株式を競売し，自己株式として買い取る場合	会社法 155 条 8 号 会社法 461 条 1 項 6 号 会社法 462 条 1 項 5 号 会社法 465 条 1 項 9 号
端数株式を自己株式として買い取る場合	会社法 155 条 9 号 会社法 461 条 1 項 7 号 会社法 462 条 1 項 5 号 会社法 465 条 1 項 9 号

　ただし，株主の投下資本の回収機会を確保する要請が強い場合や，会社がやむを得ず取得する場合，他の債権者保護手続が存在する場合等，**図表 I-5-2** に該当する場合には，上記の財源規制は除外されています。

【図表Ⅰ-5-2】　財源規制が適用されない場面

ケース	理　由	条　文
単元未満株式の買取請求によって取得する場合	単元未満株主の投下資本回収の機会を確保するため	会社法 155 条 7 号
他の会社の事業の全部譲受によって取得する場合	事業遂行上で生じた，やむを得ない取得であるため	会社法 155 条 10 号
吸収分割により，分割会社から承継する場合	別途，債権者保護手続が設けられているため（会社法 799 条 1 項 2 号）	会社法 155 条 12 号
組織再編に係る反対株主による株式買取請求によって取得する場合	事業遂行上で生じた，やむを得ない取得であるため	会社法 469 条 1 項 会社法 785 条 1 項 会社法 797 条 1 項 会社法 806 条 1 項
組織再編等の対価として取得する場合	事業遂行上で生じた，やむを得ない取得であるため	会社法 155 条 13 号 会社法施行規則 27 条 3 号
取得条項付新株予約権の取得の対価として交付を受ける場合	事業遂行上で生じた，やむを得ない取得であるため	会社法 155 条 13 号 会社法施行規則 27 条 4 号
会社を除く他の法人等の事業の全部譲受により取得する場合	事業遂行上で生じた，やむを得ない取得であるため	会社法 155 条 13 号 会社法施行規則 27 条 7 号
権利の実行にあたり，目的を達成するために自己株式の取得が必要不可欠である場合	事業遂行上で生じた，やむを得ない取得であるため	会社法 155 条 13 号 会社法施行規則 27 条 8 号

2 ┃ 分配可能限度額の算定

　剰余金の配当は，会社財産を社外に流出させることになるため，会社法においては，株主と債権者との利害調整を図る目的で，配当可能額に制限が設けら

れています。基本的に，株主は増配を要求する傾向が強いわけですが，会社経営者としては，債権者とのバランスも考えて経営意思決定をしなければなりません。

　また，自己株式の取得は，会社所有者に対する会社財産の払戻しとしての性格を有することから，前述のとおり，会社法では剰余金の配当と同様の財源規制が設けられています。すなわち，会社は分配可能額の範囲内でしか自己株式を取得できません。

　これらの規制は，会社法446条と461条において統一的に規定されており，計算方法も同じです。このため，剰余金としていくら分配することができるかの計算と，自己株式をいくら取得できるかの計算は同一のものであるといえます。

　分配可能限度額の計算手順は，**図表Ⅰ-5-3**のように，①決算日における剰余金の額を計算する，②決算日後における剰余金の変動を調整する，③分配可能限度額を算定するという，大きく3つのステップに分けられます。

【図表Ⅰ-5-3】　分配可能限度額を計算する手順

計算過程	計算内容	概　要
ステップ1	決算日における剰余金の額を計算する	決算日における貸借対照表をもとに，剰余金の額を計算する
ステップ2	決算日後における剰余金の変動を調整する	決算日の翌日から分配時点までの剰余金の変動額を反映させ，分配時点の剰余金の額を計算する
		自己株式については，処分差額と消却額を調整する
ステップ3	分配可能限度額を算定する	分配時点の剰余金に一定の調整を行い，分配可能限度額を計算する
		自己株式については，分配時点の帳簿価額・決算日後の処分対価を調整する

では，各ステップにおける計算方法の詳細を解説していきます。

(1)　ステップ１：決算日における剰余金の額を計算する

決算日における剰余金の額の算定方法は，会社法446条１号において次のように規定されています。

> 決算日における剰余金の額＝資産の額＋自己株式の帳簿価額の合計額
> 　　　　　　　　　　－負債の額－資本金・準備金－法務省令で
> 　　　　　　　　　　定める各勘定科目に計上した額の合計額

決算日における剰余金の額は，資産の額に自己株式の帳簿価額を加算し，負債の額，資本金・準備金の額，その他法務省令で定める各勘定科目に計上した額の合計額を控除して算定します。

その他法務省令で定める各勘定科目に計上した額の合計額は会社計算規則149条で規定されています。

決算日における剰余金の額の計算構造を表にまとめたものが図表Ⅰ-5-4です。

【図表Ⅰ-5-4】　決算日における剰余金の額の計算構造

No.	項　目	加減	金額
A	最終事業年度末日の資産の額 （会社法 446 条 1 号イ）	＋	×××
B	最終事業年度末日の自己株式帳簿価額 （会社法 446 条 1 号ロ）	＋	×××
C	最終事業年度末日の負債の額 （会社法 446 条 1 号ハ）	－	×××
D	最終事業年度末日の資本金・準備金の額 （会社法 446 条 1 号ニ）	－	×××
E	法務省令で定める各勘定科目に計上した額の 合計額（会社法 446 条 1 号ホ）		×××

e1	会社法446条1号イ・ロ ➡A・Bの合計額と一致	−	×××
e2	会社法446条1号ハ・ニ ➡C・Dの合計額と一致	＋	×××
e3	その他資本剰余金の額	＋	×××
e4	その他利益剰余金の額	＋	×××
決算日における剰余金の額			×××

　会社法の条文では複雑な構造になっていますが，「e1」の金額は「A」・「B」の合計額と一致しており，「e2」の金額は「C」・「D」の合計額と一致しているため，相殺することができます。このため，最終的には，「e3」その他資本剰余金の額と「e4」その他利益剰余金の額の合計額が，決算日における剰余金の額となります。

【図表Ⅰ-5-5】　決算日における剰余金の額の計算構造（簡潔版）

No.	項　目	加減	金額
e3	その他資本剰余金の額	＋	×××
e4	その他利益剰余金の額	＋	×××
決算日における剰余金の額			×××

設例　決算日における剰余金の額の計算

【前提条件】
- A社の決算日は3月31日である。
- A社は，X2年1月31日時点において，自己株式の取得を検討している。
- A社のX1年3月31日（決算日）時点の貸借対照表は以下のとおりである。

貸借対照表

資産	5,000	負債	1,500
		資本金	1,000
		資本準備金	500
		その他資本剰余金	100
		利益準備金	400
		その他利益剰余金	1,200
		その他有価証券評価差額金	500
		自己株式	▲ 200

【解説】

　決算日（Ｘ1年3月31日）における剰余金の額の計算結果は以下の通りである。

［会社法446条1号の条文に沿って計算した場合］

　「Ａ：5,000」＋「Ｂ：200」－「Ｃ：1,500」－「Ｄ：1,000＋500＋400」

　－「e1：5,000＋200」＋「e2：1,500＋1,000＋500＋400」＋「e3：100」

　＋「e4：1,200」＝1,300

［相殺後に残る項目だけから計算した場合］

　「e3：100」＋「e4：1,200」＝1,300

　もちろん，計算結果は同じになる。

⑵　ステップ2：決算日後における剰余金の変動を調整する

　ステップ1で計算した決算日における剰余金の額を，分配時点の剰余金の額に引き直すための調整を加えます。調整する項目は，会社法446条2号から7号において次のように規定されています。

> 分配時点における剰余金の額＝
> 決算日における剰余金の額＋最終事業年度末日後の自己株式処分差額＋最終事業年度末日後の減資差益＋最終事業年度末日後の準備金減少差益－最終事業年度末日後の自己株式消却額－最終事業年度末日後の剰余金の配当額－法務省令で定める各勘定科目に計上した額の合計額

　分配時点における剰余金の額は，決算日における剰余金の額に決算日後の自己株式処分差額，資本金・準備金の減少，自己株式の消却額，剰余金の配当，その他法務省令で定める額を加減して算定します。

　その他法務省令で定める各勘定科目に計上した額の合計額は，会社計算規則150条で規定されています。

　分配時点における剰余金の額の計算構造を表にまとめたものが**図表Ⅰ-5-6**です。

【図表Ⅰ-5-6】　分配時点における剰余金の額の計算構造

No.	項　目	加減	金額
決算日における剰余金の額			×××
F	最終事業年度末日後の自己株式処分差額[※1] （会社法 446 条 2 号）	±	×××
G	最終事業年度末日後の資本金減少額[※2] （会社法 446 条 3 号）	＋	×××
H	最終事業年度末日後の準備金減少額[※2] （会社法 446 条 4 号）	＋	×××
I	最終事業年度末日後の自己株式消却額[※3] （会社法 446 条 5 号）	－	×××
J	最終事業年度末日後の剰余金配当額[※4] （会社法 446 条 6 号）	－	×××
K	最終事業年度末日後の剰余金振替額[※2] （会社法 446 条 7 号）		×××
k1	その他資本剰余金から資本金への振替額	－	×××
k2	その他資本剰余金から資本準備金への振替額	－	×××
k3	その他資本剰余金から利益準備金への振替額	－	×××
L	配当による準備金の積立額[※4] （会社法 446 条 7 号）	－	×××

M	最終事業年度末日後の吸収型再編受入行為等※5（会社法446条7号）		×××
m1	吸収型再編受入行為に際して処分する自己株式の処分差額	−	×××
m2	吸収分割・新設分割に際しての剰余金減少額	−	×××
m3	吸収型再編受入行為に伴う資本剰余金の増減額	±	×××
m4	吸収型再編受入行為に伴う利益剰余金の増減額	±	×××
分配時点における剰余金の額			×××

※1　自己株式の処分によって発生した処分差額を加減算する。ステップ3では自己株式処分の対価を控除するので，これらを合わせると，処分された自己株式に係る最終事業年度末日の帳簿価額を控除した形になる。

※2　資本金・法定準備金を取り崩して剰余金に振り替えた場合には加算し，逆に剰余金を取り崩して資本金・法定準備金として積み立てた場合には減算する。

※3　消却した自己株式の帳簿価額を減算する。

※4　当期中の配当と，それに伴う法定準備金の積立額を減算する。

※5　組織再編による剰余金の変動額を加減算する。
　　吸収型再編受入行為とは，以下のものを指す。
　　• 吸収合併による吸収合併消滅会社の権利義務の全部承継
　　• 吸収分割による吸収分割会社がその事業に関して有する権利義務の全部または一部承継
　　• 株式交換による株式交換完全子会社の発行済株式全部の取得
　　　吸収型再編受入行為を行った場合には，※1で増加させた自己株式処分差益・減少させた自己株式処分差損のうち，吸収型再編受入行為に係る部分を剰余金から除外した上で，吸収型再編受入行為による資本剰余金・利益剰余金の増減を反映させる。

設 例 **分配時点における剰余金の額の計算**

【前提条件】

• A社の決算日は3月31日である。

• A社は，X2年1月31日時点において，自己株式の取得を検討している。

• A社のX1年3月31日（決算日）時点の貸借対照表は以下のとおりであり，剰余金の額は1,300（＝その他資本剰余金100＋その他利益剰余金1,200）である。

貸借対照表

資産	5,000	負債	1,500
		資本金	1,000
		資本準備金	500
		その他資本剰余金	100
		利益準備金	400
		その他利益剰余金	1,200
		その他有価証券評価差額金	500
		自己株式	▲ 200

● X1年4月1日～X2年1月31日において，以下の取引を行った。
資本準備金100をその他資本剰余金に振り替えた。
利益準備金200をその他利益剰余金に振り替えた。
その他利益剰余金から期末配当として100を支払い，利益準備金10を積み立てた。
自己株式（帳簿価額100）を80で処分し，自己株式処分差損が20発生した。
自己株式（帳簿価額10）を消却した。

【解説】

● X2年1月31日時点における剰余金の額の計算結果は以下のとおりである。
「e3：100」＋「e4：1,200」＋「H：100」＋「H：200」－「J：100」－「L：10」
－「F：20」－「I：10」＝1,460
当期中の取引によって，剰余金の額が130増加したことになる。

(3)　ステップ3：分配可能限度額を算定する

　ステップ2で計算した分配時点における剰余金の額に一定の調整を加え，分配可能限度額を算定します。調整する項目は，会社法461条2項において次のように規定されています。

分配可能額＝分配時点における剰余金の額－分配時点の自己株式の帳簿価額－事業年度末日後に自己株式を処分した場合の処分対価－その他法務省令で定める額

　分配可能限度額は，分配時点における剰余金の額から分配時点の自己株式の帳簿価額，事業年度末日後に生じた自己株式の処分価額を控除し，さらにその他法務省令で定める額を加減して算定します。

　ステップ２では，「Ｆ」で自己株式の処分によって発生した処分差額を加減算しており，ステップ３での「ｎ２」自己株式処分の対価の調整（減額）と合わせると，決算日後に処分された自己株式の帳簿価額を控除した形になります。また，「ｏ１」では，分配時点の自己株式の帳簿価額を減額します。「Ｆ」と「ｎ２」と「ｏ１」を合わせると，分配時点の自己株式（帳簿価額）と決算日後に処分された自己株式（帳簿価額）をともに控除しており，結果的には決算日時点の自己株式（帳簿価額）を控除している格好になります。したがって，最終事業年度末日後の自己株式の処分は，分配可能額の計算に影響を与えないことがわかります。

　なお，その他法務省令で定める各勘定科目に計上した額の合計額は，会社計算規則158条で規定されています。

　分配可能限度額の計算構造を表にまとめたものが図表Ⅰ-5-7です。

【図表Ⅰ-5-7】　分配可能限度額の計算構造

No.	項　目	加減	金額
分配時点における剰余金の額			×××
N	臨時決算に係る調整[※1]		
n1	臨時決算期間の当期純利益[※2] （会社法461条2項2号イ）	±	×××
n2	臨時決算期間の自己株式処分対価の額[※3] （会社法461条2項2号ロ）	＋	×××
O	自己株式に係る調整		
o1	分配時点の自己株式帳簿価額 （会社法461条2項3号）	－	×××
o2	最終事業年度末日後の自己株式処分対価[※4] （会社法461条2項4号）	－	×××

P	その他 （会社法461条2項6号）		
p1	最終事業年度の末日におけるのれん等調整額 ※※5	−	×××
p2	最終事業年度の末日におけるその他有価証券評価差損 ※※6	−	×××
p3	最終事業年度の末日における土地再評価差損 ※※7	−	×××
p4	連結配当規制適用会社である場合の連結配当規制控除額 ※※8	−	×××
p5	2回以上臨時計算書類（株主総会承認済）を作成した場合の直前臨時決算年度以外の臨時損益計算書の損益計算書に計上された純利益等 ※※9	−	×××
p6	剰余金の配当後に純資産が3百万円を下回る場合の資本金及び準備金等の調整額 ※※10	−	×××
p7	臨時決算期間中の吸収型再編受入行為又は特定募集に際して処分する自己株式の対価の額 ※※11	−	×××
p8	最終事業年度の末日後に不公正発行に伴う支払義務の履行により増加したその他資本剰余金の額 ※※12	−	×××
p9	最終事業年度がない会社が，成立日後に自己株式を処分した場合における自己株式の対価の額 ※※13	−	×××
p10	自己株式取得対価として自己株式を交付する場合の調整 ※※14	＋	×××
p11	最終事業年度末日後の吸収型再編受入行為・特定募集に際して処分する自己株式の処分対価の額 ※※15	＋	×××
分配可能限度額			×××

※※1　臨時決算に係る調整

　　　会社法では，臨時決算制度が設けられており，各事業年度に係る計算書類以外に，臨時決算日を定めて任意に臨時決算書類を作成することができる（会社法441条）。臨時計算書類を作成することで，事業年度の途中段階における利益についても分配の対象とすることができる。

※※2　臨時決算期間の当期純利益

　　　臨時計算書類を作成することで，事業年度の途中段階における自己株式の処分対価の額についても分配の対象とすることができる。

※※3　臨時決算期間の自己株式処分対価の額

　　　自己株式は株主資本の控除項目であることから，分配時点における自己株式の帳簿価額を減額する。

※※4　最終事業年度末日後の自己株式処分対価

　　　ステップ2において自己株式の処分によって発生した処分差額を加減算しており，ここでは自己株式処分の対価を減額する。その結果，最終事業年度末日後に処分された自己株式の帳簿価額を控除した形になる。

※※5　最終事業年度の末日におけるのれん等調整額

　　　のれんや繰延資産は，費用の繰延という性格を有しており，債権者保護の観点からは，他の資産と同様の取扱いをするべきではないと考えられる。そこで，これらについては，分配可能限度額の算定上，一定の金額を控除する規定となっている。具体的な計算方法としては，のれんの額の2分の1と繰延資産の額を合計したものを「のれん等調整額」と定義し，以下の4つのケースに分けて控除額を算定する。

　　　なお，資本等金額は，資本金の額と準備金の額を合算したものを指す。

資本等金額＝資本金＋資本準備金＋利益準備金

ケース1

のれん等調整額 ≦ 資本等金額

➡控除額はゼロ

（例）

資本金 500	資本準備金 200	利益準備金 300	その他資本剰余金 200
のれん等調整額 600			

ケース2

資本等金額 ≦ のれん等調整額 ≦ 資本等金額＋その他資本剰余金

➡のれん等調整額が資本等金額を超過した額を控除する。

（例）

資本金 500	資本準備金 200	利益準備金 300	その他資本剰余金 200
のれん等調整額 1,100			

控除額
100

ケース3

資本等金額＋その他資本剰余金 ＜ のれん等調整額
　　かつ
のれんの額 ÷ 2 ≦ 資本等金額＋その他資本剰余金
➡ のれん等調整額が資本等金額を超過した額を控除する。
（例）

資本金 500	資本準備金 200	利益準備金 300	その他資本剰余金 200
のれん等調整額（のれんの額 1,600 ＋ 繰延資産 100） 1,700			
のれんの額 ÷ 2 800			

控除額
700

ケース4

資本等金額＋その他資本剰余金 ＜ のれん等調整額
　　かつ
資本等金額＋その他資本剰余金 ≦ のれんの額 ÷ 2
➡ その他資本剰余金の額と繰延資産の合計額を控除する。
（例）

資本金 500	資本準備金 200	利益準備金 300	その他資本剰余金 200
のれん等調整額 2700 2,600			繰延資産 100
のれんの額 ÷ 2 1,300			

控除額　　　　　　　　　　控除額
200　　　　　　　　　　　100

※※6　最終事業年度の末日におけるその他有価証券評価差損
　　　　その他有価証券の評価差額は，損益計算書に計上されず，その他利益剰余金に影響を及ぼさない。会社法では，有価証券全体として評価差損が生じている場合には，配当原資から控除することになっている。なお，評価差額がプラスの場合でも分配可能限度額に含まれることはない。

※※7　最終事業年度の末日における土地再評価差損

　　　その他有価証券評価差額金の場合と同様である。

※※8　連結配当規制適用会社である場合の連結配当規制控除額

　　　単体ベースの分配可能限度額よりも連結ベースの分配可能限度額の方が少ない場合，分配可能額の算定を連結ベースで算定することができるというものである。連結ベースで分配可能限度額を算定することにより，子会社でマイナスの利益剰余金を計上している場合には，分配可能限度額からそのマイナス分を差し引くことができる。

※※9　2回以上臨時計算書類（株主総会承認済）を作成した場合の直前臨時決算年度以外の臨時損益計算書の損益計算書に計上された純利益等

　　　計算構造上，すべての臨時計算書類の当期純利益が重複して含まれてしまうため，最新の臨時計算書類以外で計上された当期純利益と自己株式処分対価の額を分配可能限度額から控除する。

※※10　剰余金の配当後に純資産が3百万円を下回る場合の資本金及び準備金等の調整額

　　　旧商法・旧有限会社法における最低資本金制度により図られていた債権者保護の効果を維持するために，（資本金＋資本準備金＋利益準備金＋新株予約権＋その他有価証券評価差益＋繰延ヘッジ利益＋土地再評価差益）の合計額が300万円未満の場合には，その差額を配当可能限度額から減額する。

※※11　臨時決算期間中の吸収型再編受入行為又は特定募集に際して処分する自己株式の対価の額

　　　自己株式の処分対価については，「p11」で一括して分配可能限度額に加算するため，ここでいったん減額する。

※※12　最終事業年度の末日後に不公正発行に伴う支払義務の履行により増加したその他資本剰余金の額

　　　会社計算規則21条で規定されている店舗責任により増加したその他資本剰余金を減額調整する。

※※13　最終事業年度がない会社が，成立日後に自己株式を処分した場合における自己株式の対価の額

　　　自己株式の処分対価については，決算を経ない限り分配可能限度額に含めるべきではないため，減額調整する。

※※14　自己株式取得対価として自己株式を交付する場合の調整

　　　本来であれば，自己株式の入れ替えが行われたにすぎず，実質的な会社財産の流出がないことから配当可能限度額を減少させる必要はない。しかし，計算構造上，最終事業年度末日後に処分した自己株式の帳簿価額が分配可能限度額から減算されてしまうため，加算調整する。

※※15　最終事業年度末日後の吸収型再編受入行為・特定募集に際して処分する自己株式の処分対価の額

　　　「o2」で控除した最終事業年度末日後の自己株式処分対価のうち，吸収型再編受入行為等に際して処分した自己株式の処分対価を再度増額修正する。これにより，吸収型再編受入行為等に際して処分した自己株式の対価の額は，相殺されることになる。

設 例	分配可能限度額の算定

【前提条件】

- A社の決算日は3月31日である。
- A社は，X2年1月31日時点において，自己株式の取得を検討している。
- A社のX1年3月31日（決算日）時点の貸借対照表は以下のとおりである。

貸借対照表

資産	5,000	負債	1,500
		資本金	1,000
		資本準備金	500
		その他資本剰余金	100
		利益準備金	400
		その他利益剰余金	1,200
		その他有価証券評価差額金	500
		自己株式	▲200

- X1年4月1日～X2年1月31日に以下の取引を行った。

  資本準備金100をその他資本剰余金に振り替えた。

仕訳

資本準備金	100	その他資本剰余金	100

利益準備金200をその他利益剰余金に振り替えた。

仕訳

利益準備金	200	その他利益剰余金	200

その他利益剰余金から期末配当として100を支払い，利益準備金10を積み立てた。

仕訳

その他利益剰余金	110	現金預金	100
		利益準備金	10

自己株式（帳簿価額100）を80で処分し，自己株式処分差損が20発生した。

仕訳

現金預金	80	自己株式	100
自己株式処分差損	20		

自己株式（帳簿価額10）を消却した。

仕訳

その他資本剰余金	10	自己株式	10

【解説】

● 上記の取引を反映させた貸借対照表は以下のとおりである。

貸借対照表

資産	4,980	負債	1,500
		資本金	1,000
		資本準備金	400
		その他資本剰余金	170
		利益準備金	210
		その他利益剰余金	1,290
		その他有価証券評価差額金	500
		自己株式	▲ 90

● この結果，Ｘ2年1月31日時点における剰余金の額は，1,460と算定された。
（参考）「e3：100」＋「e4：1,200」＋「H：100」＋「H：200」－「J：100」
　　　　－「L：10」－「F：20」－「I：10」＝1,460

● Ｘ2年1月31日時点における分配可能限度額の計算結果は以下のとおりである。
　　Ｘ2年1月31日時点における剰余金の額1,460－「o1（Ｘ2年1月31日時点における自己株式帳簿価額）：90」－「o2（最終事業年度末日後の自己株式処分対価）：80」＝1,290

自己株式の会計処理（取得）

1 ┃ 取得の対価による会計処理の違い

　自己株式の取得は，有償で取得する場合と無償で取得する場合に大きく分類できます。また，有償で取得する場合は，対価が金銭の場合と金銭以外の場合に分けられます。

　それぞれの場合で，会計処理の要否や自己株式の取得原価が異なります。

【図表Ⅰ-6-1】

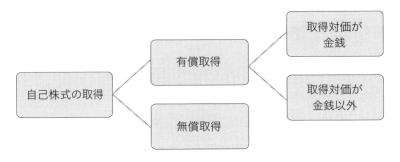

(1) 金銭を対価として有償で取得した場合

　金銭を対価として自己株式を有償で取得した場合には，対価を支払うべき日に取引を認識し，取得原価で一括して純資産の部（株主資本）から控除します。この場合，支払った金銭がそのまま取得原価となります。

　貸借対照表においては，利益剰余金の次に「自己株式」という項目を設け，マイナスで表記することになります。

設例

【前提条件】

- A社はX1年度末において自己株式を100株保有しており，帳簿価額は1,000である。
- X2年5月1日において，A社は自己株式を追加で50株購入し，対価として400の金銭を支払った。

仕訳（X2年5月1日）

自己株式	400 ※1	現金預金	400 ※1

※1　交付した金銭の額

【解説】

- 自己株式を取得したことにより，株主資本が400減少する。

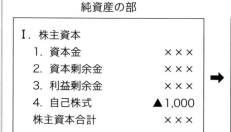

X1年度末　貸借対照表
純資産の部

```
Ⅰ．株主資本
  1. 資本金          ×××
  2. 資本剰余金      ×××
  3. 利益剰余金      ×××
  4. 自己株式     ▲1,000
  株主資本合計       ×××
```

→

X2年度末　貸借対照表
純資産の部

```
Ⅰ．株主資本
  1. 資本金          ×××
  2. 資本剰余金      ×××
  3. 利益剰余金      ×××
  4. 自己株式     ▲1,400
  株主資本合計       ×××
```

(2)　金銭以外を対価として有償で取得した場合

　金銭以外を対価として有償で取得した場合には，対価が引き渡された日に取引を認識し，取得原価で一括して純資産の部（株主資本）から控除します。この場合の取得原価は，企業集団内の企業から自己株式を取得したかそれ以外かによって異なります。

①　企業集団内の企業から，金銭以外を対価として有償で取得した場合

　企業集団内の企業から自己株式を取得した場合には，移転した資産・負債の適正な帳簿価額により取得原価を算定します。

　貸借対照表においては，利益剰余金の次に「自己株式」という項目を設け，

マイナスで表記する点は(1)の例と同じです。

設 例

【前提条件】

- A社はX1年度末において自己株式を100株保有しており，帳簿価額は1,000である。
- A社は，企業集団内のB社から自己株式を追加で50株購入し，対価として，金銭ではなく土地をX2年5月1日に引き渡した。
- 引き渡した土地のA社における帳簿価額は300であり，時価は400であった。

仕訳（X2年5月1日）

自己株式	300 ※1	現金預金	300 ※1

※1　移転した資産（土地）の帳簿価額

- 自己株式を取得したことにより，株主資本が300減少する。
- 減少額は土地の時価400ではなく，土地の帳簿価額300である。

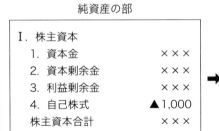

X1年度末　貸借対照表
純資産の部

I．株主資本
　1．資本金　　　　×××
　2．資本剰余金　　×××
　3．利益剰余金　　×××
　4．自己株式　　　▲1,000
　株主資本合計　　×××

X2年度末　貸借対照表
純資産の部

I．株主資本
　1．資本金　　　　×××
　2．資本剰余金　　×××
　3．利益剰余金　　×××
　4．自己株式　　　▲1,300
　株主資本合計　　×××

② 企業集団外の企業から，金銭以外を対価として有償で取得した場合

　企業集団外の企業から，金銭以外を対価として有償で取得した場合には，取得の対価となる財の時価（例：譲渡した土地の時価）と取得した自己株式の時価を比べて，より高い信頼性をもって測定可能な方を取得原価とします。自己株式に市場価格がある場合には，通常はその市場価格を用いて自己株式の取得原価を算定します。

　このようにして算定された自己株式の取得原価は，通常，引き渡した資産の帳簿価額と異なりますが，その差額は譲渡損益として処理することになります。

　取得した自己株式について，貸借対照表においては，利益剰余金の次に「自

己株式」という項目を設け，マイナスで表記する点は(1)の例と同じです。

設 例

【前提条件】

● A社はX1年度末において自己株式を100株保有しており，帳簿価額は1,000である。

● A社は，企業集団外のB社から自己株式を追加で50株購入し，対価として，金銭ではなく土地をX2年5月1日に引き渡した。

● 引き渡した土地のA社における帳簿価額は300であり，時価は400であった。

仕訳（X2年5月1日）

自己株式	400 ※1	土地 土地売却益	300 ※2 100 ※3

※1　取得した自己株式の時価
※2　移転した資産（土地）の帳簿価額
※3　差額

【解説】

● 自己株式を取得したことにより，株主資本が400減少する。

● 減少額は土地の時価400である。

● 帳簿価額300との差額100は，土地売却益として処理する。

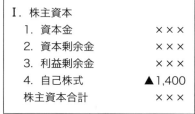

なお，取得の対価となる財に時価がなく，取得する自己株式の公正な評価額を合理的に算定することが困難な場合には，移転した資産・負債の適正な帳簿価額により自己株式の取得原価を算定することになります。ただし，これは極めて稀なケースであり，通常は対価となる財の時価や自己株式の公正な評価額

を算定して取得原価を算定します。

(3) 無償取得の場合

　無償取得の場合には，自己株式の数のみの増加として処理することになり，会計処理を行いません。

　なお，無償で取得した自己株式の数に重要性がある場合には，その旨と株式数を連結株主資本等変動計算書・個別株主資本等変動計算書に注記することになります。

　現行の会計基準では採用されていませんが，自己株式を無償で取得した場合の会計処理としては，時価で自己株式を計上するという考え方もあります。換金性があり，価値のあるものを受け取っているのであれば，時価で自己株式を計上すべきという論拠です。しかし，無償で取得したとしても，それだけでは会社の財産は増加しないことや，株主に対する会社財産の払戻しが生じていないことを踏まえ，現行の会計基準では自己株式の数のみの増加として処理することになっています。

　対価の違いに加え，時価の信頼性を比較するという論点を含めて，改めて自己株式に係る取得原価の算定方法の違いを示すと，以下のようにまとめることができます。

【図表 I - 6 - 2 】

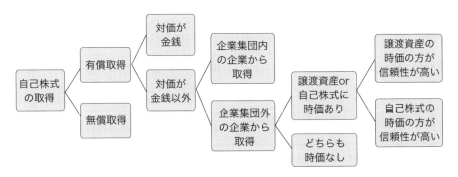

参　考

　自己株式を純資産の部（株主資本）から控除する際には，取得原価で一括して純資産の部（株主資本）から控除する方法の他にも，株主資本の各構成要素に配分して各構成要素を減額する方法も考えられます。各構成要素とは，資本金，資本準備金，利益準備金，その他資本剰余金，その他利益剰余金等のことです。

　具体例を示すと，現行の会計基準では，貸借対照表に「自己株式」として一括して「▲1,000」と表記することになっており，「資本剰余金」を400減額し，利益準備金を400減額し，「利益剰余金」を200減額するといった処理は行いません。

　自己株式を取得したとしても，それを消却する義務はなく，将来的には処分（譲渡）して自己株式ではなくなる可能性も少なくないことからすると，自己株式として保有している状態は，処分・消却までの暫定的な状態だとみることができます。この暫定的な状態で，自己株式の取得原価をわざわざ株主資本の構成要素に配分して，それぞれの要素から減額するという処理を行ったとしても，それによって得られる効果は乏しく，後日，処分した際にどの構成要素を増加させるかといった論点も発生してくることを踏まえ，現行の処理方法に落ち着いたのではないかと考えられます。

2 ▎自己株式の取得時における付随費用

　自己株式の取得時には，証券会社に支払う手数料などの付随費用がかかります。

　自己株式ではない通常の株式を取得した場合，付随費用は取得原価に含めるのですが，自己株式の場合には取得原価に含めないことになっています。

　前述のとおり，自己株式の取得は，株主との間の資本取引であるという考え方が採用されています。株主に支払うわけではない付随費用を取得原価に含めるということは，証券会社との取引まで資本取引として取り扱ってしまうことになり，適切ではありません。このため，自己株式の取得時にかかった付随費用は，取得原価に含めることなく，営業外費用として損益計算書に計上することになります。

　なお，IFRSではこの付随費用を取得原価に含めることになっており，証券

会社に支払う手数料も含めた一体として，資本取引だと考えられています。

設例

【前提条件】

● A社は自己株式を50株購入し，対価として400の金銭をX2年5月1日に支払った。
● 自己株式の取得にあたり，証券会社に手数料10を支払った。

【解説】

仕訳（X2年5月1日）

| 自己株式 | 400 | 現金預金 | 410 |
| 支払手数料 | 10 | | |

参考　自己株式ではない株式を取得した場合の付随費用の会計処理

【前提条件】

● A社はB社株式を50株購入し，対価として400の金銭をX2年5月1日に支払った。
● B社株式の取得にあたり，証券会社に手数料10を支払った。

【解説】

仕訳（X2年5月1日）

| 自己株式 | 410 [1] | 現金預金 | 410 |

※1　B社株式の対価400＋手数料10

7　自己株式の会計処理（保有）

1 | 保有期間中における株主としての権利

　自己株式を取得した後，会社は期間や数量の制限なく保有し続けることができます。2001年の商法改正前は，自己株式の取得が原則として禁止されており，例外的に取得した場合，例えば株式を消却するために自己株式を取得した場合には，遅滞なく失効の手続を行うことが求められていましたが，現在では保有に係る制限は設けられていません。

　では，自己株式を保有している間，他の株主と同じように権利を行使できるかというとそうではなく，権利内容は大幅に制限されています。例えば，自己株式には議決権が認められていませんし，剰余金の配当を受け取る権利も認められていません。会社法308条2項，453条では以下のように規定されています。

▶会社法308条2項（議決権）

> 株式会社は，自己株式については，議決権を有しない。

▶会社法453条（剰余金の配当）

> 株式会社は，その株主（当該株式会社を除く。）に対し，剰余金の配当をすることができる。

　まず，株主の権利は共益権と自益権に分けられます。

　共益権とは，権利行使の結果が株主全体の利益に影響する権利のことをいいます。株主総会における「議決権」や「株主総会招集請求権」，「株主提案権」などが代表的な共益権です。

　一方，自益権とは，権利行使の結果が株主個人の利益だけに影響する権利の

ことをいいます。配当金を受け取ることのできる「剰余金の配当請求権」や，企業が解散する際の「残余財産分配請求権」などが代表的な自益権です。

　会社法では，自己株式を保有する会社自身も株主であることを前提としていますが，その会社自身を株主として取り扱うことがふさわしくない場合には，個別に権利を否定しており，他の株主とは異なる取扱いを設けています。

　例えば，自己株式に議決権を与えると，取締役による支配が強化されてしまい，会社支配の公正が害されてしまうおそれがあります。定款による授権があれば取締役会決議によって自己株式を取得することができますが，これを通じて経営陣が株主総会でも多数派になってしまうと，少数株主の意見が蔑ろにされてしまいます。このため，自己株式の議決権は条文によって否定されており，議決権を前提とした様々な権利を有しないものとされています。その結果，共益権を行使することはできません。

【図表 I - 7 - 1】　主な共益権

権利の内容	可否
議決権（会社法 308 条 2 項）	×
株主総会招集請求権（会社法 297 条 1 項）	×
株主提案権（会社法 303 条 1 項）	×
株主総会検査役選任請求権（会社法 306 条 1 項）	×
業務執行に関する検査役選任請求権（会社法 358 条 1 項）	×
会計帳簿閲覧謄写請求権（会社法 433 条 1 項）	×

　また，自己株式に剰余金の配当請求権を与えると，もともと分配可能利益であったものが，配当を通してあらためて営業外収益として計上されてしまい，会社の経営成績に関する誤解を与えてしまうおそれがあることから条文によって否定されています。

【図表Ⅰ-7-2】　主な自益権

権利の内容	可否
剰余金の配当請求権（会社法453条）	×
残余財産の分配請求権（会社法504条3項）	×
株式の株主割当を受ける権利（会社法202条2項）	×
新株予約権の株主割当を受ける権利（会社法241条2項）	×
株式の無償割当を受ける権利（会社法186条2項）	×
新株予約権の無償割当を受ける権利（会社法278条2項）	×
組織変更時に金銭等の割当を受ける権利（会社法744条1項6号）	×
合併時に金銭等の割当を受ける権利（会社法749条1項3号，751条1項4号，753条1項7号，755条1項7号）	×
取得条項付株式について取得対価の割当を受ける権利 （会社法170条2項）	×
全部取得条項付種類株式について取得対価の割当を受ける権利 （会社法171条2項）	×

2 ┃ 保有している自己株式の期末における会計処理

　金融商品に関する会計基準（企業会計基準第10号）によれば，原則として，期末に有価証券を時価評価することが求められます。すなわち，有価証券をその保有目的に応じて，売買目的有価証券，満期保有目的の債券，子会社株式及び関連会社株式，その他有価証券の4つに分類し，売買目的有価証券とその他有価証券は期末日の時価で評価することになります。満期保有目的の債券は，満期までの所有が前提となっており，実質的に価格変動リスクを負っていないため，時価評価の対象外とされています。子会社株式及び関連会社株式は，事業投資と同様に時価の変動が投資の成果とはいえないことから，時価評価の対象外とされています。

　このように，満期保有目的の債券と子会社株式及び関連会社株式は例外とし

て，基本的に，有価証券は時価評価することが求められます。

　そして，時価や実質価額が回復可能性の認められない水準にまで下落・低下した場合には，時価・実質価額をもって貸借対照表価額とし，評価差額を当期の損失として処理することが求められます。

【図表Ⅰ-7-3】　有価証券の評価・処理方法（保有目的別）

保有目的	評価方法	評価差額の処理方法	減損処理の要否
売買目的有価証券	時価	損益処理	対象外
満期保有目的の債券	償却原価	発生しない	対象
子会社株式及び関連会社株式	取得原価	発生しない	対象
その他有価証券	時価	原則：全部純資産直入法 容認：部分純資産直入法	対象

　なお，売買目的有価証券が減損処理の対象外とされているのは，売買目的有価証券は，毎期末に時価評価を行い，時価が下落している場合には，評価差額を損失として処理するため，減損処理をする必要がないからです。

　一方，自己株式については，資産としての性格よりも，会社所有者に対する会社財産の払戻しとしての性格を重視し，純資産の部（株主資本）の控除項目と整理されています。このため，金融商品に関する会計基準（企業会計基準第10号）に基づく上記の保有目的による分類をすることなく，取得原価で評価することになります。また，時価が下落しても，減損処理の対象とはなりません。このため，「著しい下落に該当するかどうか」や「回復可能性があるかどうか」といった検討・判定をする必要はありません。

8 自己株式の会計処理（処分）

1 自己株式の処分方法

　自己株式を取得した後，会社は期間や数量の制限なく保有し続けることができるわけですが，売却して資金化することも可能です。会社法や会計基準では，自己株式を「売却」することを「処分」と呼んでおり，自己株式を売却する際に生じる売却価額（処分価額）と帳簿価額の差額は「自己株式処分差額」と表現されます。

　自己株式の処分は，新株発行と同じ効果を有しており，新株を発行する場合と同様に募集手続を経て処分することになります。会社法において直接の規定はないものの，自己株式を市場で売却することはできないものと解されており，株主割当，第三者割当，公募といった方法によって処分することになります。

　会社法は，商法・有限会社法・商法特例法等の関係規定を整理・統合し，新たな法律として2005年に制定されましたが，その法案段階では，株式買取請求権が行使された結果として取得した自己株式については市場での売却を認める内容となっていました。しかし，インサイダー取引や相場操縦の危険性があることから，最終的にはその規定は削除された上で2006年に施行されています。この経緯から，明文では禁止されていないものの，市場での売却はできないと一般に解釈されています。

　自己株式の処分に関して，会社法では以下のように規定されています。

▶ 会社法199条

> 株式会社は，その発行する株式又はその処分する自己株式を引き受ける者の募集をしようとするときは，その都度，募集株式について次に掲げる事項を定めなければならない。

一 募集株式の数
二 募集株式の払込金額又はその算定方法
三 金銭以外の財産を出資の目的とするときは，その旨並びに当該財産の内容及び価額
四 募集株式と引換えにする金銭の払込み又は前号の財産の給付の期日又はその期間
五 株式を発行するときは，増加する資本金及び資本準備金に関する事項

このように，募集手続を経て処分するのがメインルートですが，他に自己株式の処分が行われる場面としては，新株予約権の行使に対して自己株式を割り当てる場合，単元未満株主による売渡請求に応じて自己株式を売り渡す場合，組織再編にあたって代用自己株式として交付する場合，株式無償割当において自己株式を割り当てる場合などがあります。

2 ▎自己株式の処分に係る会計処理

自己株式を処分する場合，通常は処分価額と帳簿価額とに差があるため，自己株式処分差額が発生します。処分差額がプラスの場合には自己株式処分差益，マイナスの場合には自己株式処分差損と呼びます。ここで，「差益」・「差損」という名称になっていますが，損益計算書に計上されることはありません。自己株式の処分は，新株発行と同様の性格を持つ資本取引とされており，自己株式の処分から損益が発生することはありません。自己株式処分差益は，その他資本剰余金の加算項目となり，自己株式処分差損はその他資本剰余金の減算項目となります。

例えば，図表 I-8-1 の左側の状態から，次のような条件で自己株式の処分を行うと，自己株式処分差益が100発生し，右側の状態に変わります。自己株式処分差益はその他資本剰余金の内訳項目となっており，200から300に増加しています。

【前提条件】

帳簿価額500の自己株式を，対価600で処分する。

仕訳

| 現金預金 | 600 ※1 | 自己株式 | 500 ※2 |
| | | 自己株式処分差益 | 100 ※3 |

※1　処分対価
※2　処分する自己株式の帳簿価額
※3　差額

【図表Ⅰ-8-1】　純資産の部の変化（自己株式処分差益が増加する場合）

一方で，図表Ⅰ-8-2の左側の状態から，次のような条件で自己株式の処分を行うと，自己株式処分差損が100発生し，右側の状態に変わります。自己株式処分差益はその他資本剰余金の内訳項目となっており，自己株式処分差損が発生した分だけ減少しています。

【前提条件】

帳簿価額500の自己株式を，対価400で処分する。

仕訳

| 現金預金 | 400 ※1 | 自己株式 | 500 ※2 |
| 自己株式処分差損 | 100 ※3 | | |

※1 処分対価
※2 処分する自己株式の帳簿価額
※3 差額

【図表I-8-2】 純資産の部の変化（自己株式処分差益が減少する場合）

貸借対照表 純資産の部		貸借対照表 純資産の部	
I. 株主資本		I. 株主資本	
1. 資本金	×××	1. 資本金	×××
2. 資本剰余金		2. 資本剰余金	
資本準備金	1,000	資本準備金	1,000
その他資本剰余金		その他資本剰余金	
自己株式処分差益	200	自己株式処分差益	100
資本剰余金合計	1,200	資本剰余金合計	1,100
3. 利益剰余金	3,000	3. 利益剰余金	3,000
4. 自己株式	▲1,000	4. 自己株式	▲500
株主資本合計	×××	株主資本合計	×××

　図表I-8-1の場合も図表I-8-2の場合も，自己株式を処分した後の貸借対照表におけるその他資本剰余金はプラスを維持していますが，自己株式処分差損が多額に発生すると，その他資本剰余金はマイナスになってしまいます。

　例えば，図表I-8-3の左側の状態から，次のような条件で自己株式の処分を行うと，自己株式処分差損が300発生しますが，処分前のその他資本剰余金は200しかないため，このままではその他資本剰余金が▲100となってしまいます。

　しかし，資本剰余金は，株主からの払込資本のうち資本金に含まれないものを意味しており，本来，マイナスの残高という概念は想定されていません。このため，その他資本剰余金の下限はゼロとし，不足する部分については利益剰余金を減額することになります。つまり，その他資本剰余金のマイナス分を利益剰余金で補填するということです。

　自己株式処分差損が300発生した結果，自己株式処分差益が200から0に減少しており，利益剰余金が3,000から2,900に減少しています。

【前提条件】

帳簿価額500の自己株式を，対価200で処分する。

仕訳

| 現金預金 | 200 ※1 | 自己株式 | 500 ※2 |
| 自己株式処分差損 | 300 ※3 | | |

※1　処分対価
※2　処分する自己株式の帳簿価額
※3　差額

【図表Ⅰ-8-3】　純資産の部の変化（その他資本剰余金がマイナスになる場合）

貸借対照表
純資産の部

Ⅰ.株主資本	
1.資本金	×××
2.資本剰余金	
資本準備金	1,000
その他資本剰余金	
自己株式処分差益	200
資本剰余金合計	1,200
3.利益剰余金	3,000
4.自己株式	▲1,000
株主資本合計	×××

➡

貸借対照表
純資産の部

Ⅰ.株主資本	
1.資本金	×××
2.資本剰余金	
資本準備金	1,000
その他資本剰余金	
自己株式処分差益	0
資本剰余金合計	1,100
3.利益剰余金	2,900
4.自己株式	▲500
株主資本合計	×××

　同じ会計期間のうちに，自己株式の処分を複数回行い，自己株式処分差損が発生して，その他利益剰余金がマイナスになってしまった場合には，利益剰余金によってその都度補填するか，期末の段階で一括して補填するかによって，貸借対照表の数値が異なってしまいます。自己株式及び準備金の額の減少等に関する会計基準（企業会計基準第1号）12項では，以下のように規定されており，会計期間末に一括して処理することになります。

▶その他資本剰余金の残高が負の値になった場合の取扱い

その他資本剰余金の残高が負の値となった場合には，会計期間末において，その他資本剰余金を零とし，当該負の値をその他利益剰余金（繰越利益剰余金）から減額する。

四半期財務諸表を作成している場合には，四半期末ごとに補填を行いますが，四半期末日後に洗替処理を行い，期末時点でその他資本剰余金がプラスに回復している場合には，利益剰余金による補填は行いません。

3 自己株式の処分時における付随費用

自己株式を処分する際には，取得時と同様に，証券会社に支払う手数料などの付随費用がかかります。

自己株式ではない通常の株式を売却した場合，付随費用は「支払手数料」などの勘定科目で営業外費用として処理します。現行の会計基準では，自己株式を資産として取り扱っていませんから，背景となる考え方は異なりますが，自己株式を処分した場合にも，付随費用は「支払手数料」などの勘定科目で営業外費用として処理する点は通常の株式と同じです。

発生する付随費用も自己株式本体の取引と一体のものだと考えれば，それも含めて資本取引と捉え，付随費用を自己株式処分差額の調整とする考え方もあります。取得時の付随費用と同様に，IFRSではこの考え方に立っています。しかし，通常の新株発行の際に，新株発行費用を株主資本から減額する処理は行っていないこととの整合性を重視し，日本の会計基準では，自己株式を処分した際に生じた付随費用は費用処理することになっています。

設 例

【前提条件】
- 帳簿価額400の自己株式を，対価400で処分した。
- 自己株式の処分にあたり，証券会社に手数料10を支払った。

仕訳

| 現金預金 | 400 [1] | 自己株式 | 400 [3] |
| 支払手数料 | 10 [2] | 現金預金 | 10 [2] |

[1] 処分対価400
[2] 発生した付随費用の金額
[3] 処分する自己株式の帳簿価額

4 ▎処分する自己株式の帳簿価額

　処分する自己株式の帳簿価額については，移動平均法や総平均法などによって算出します。いずれの方法を採用するかについては，会社が自らの判断で決定すればよく，特定の方法に限定されていません。

　自己株式の取得が原則として禁止されていた2001年までは，例えば，「消却のため」や「合併のため」といった取得目的ごとに自己株式の帳簿価額を算定することとされていましたが，現在では取得の目的を明示する必要もないことから，このような制限もありません。

　ただし，種類の異なる株式を同じように扱うことはできませんから，種類株式を発行している場合には，種類ごとに帳簿価額を算定します。

【図表 I - 8 - 4 】　処分する自己株式の帳簿価額を総平均法で算定する場合

	取得単価	取得株式数	取得金額	処分株式数	処分株式帳簿金額	単価	株式数残高	帳簿残高
前期末	100.0	100	10,000			100.0	100	10,000
5月15日	120.0	200	24,000				300	
7月10日	110.0	200	22,000				500	
9月20日				100	11,500		400	
11月1日	120.0	300	36,000				700	
期末						115.0	700	80,500
合計	115.0	800	92,000					

　前期末から繰り越された100株と当期中に取得した700株（200株＋200株＋300株）を合計した800株をもとに，処分した自己株式の帳簿価額を期末の段階で算定します。

　取得金額の合計92,000を取得株式数の合計800株で除して算定された@115.0が処分した自己株式の単価となります。

　計算式は以下のとおりです。

$$\frac{10{,}000 + 24{,}000 + 22{,}000 + 36{,}000}{100株 + 200株 + 200株 + 300株} = \frac{92{,}000}{800株} = @115.0$$

　その結果，処分した自己株式の帳簿価額は，11,500（＝@115.0×100株）と算定されます。

【図表Ⅰ-8-5】　処分する自己株式の帳簿価額を移動平均法で算定する場合

	取得単価	取得株式数	取得金額	処分株式数	処分株式帳簿金額	単価	株式数残高	帳簿残高
前期末	100.0	100	10,000			100.0	100	10,000
5月15日	120.0	200	24,000			113.3	300	34,000
7月10日	110.0	200	22,000			112.0	500	56,000
9月20日				100	11,200	112.0	400	44,800
11月1日	120.0	300	36,000			115.4	700	80,800
期末						115.4	700	80,800

　自己株式を取得するごとに，保有する自己株式の単価を算定します。9月20日に処分した自己株式の単価は，処分直前に保有している自己株式の単価を使用し，以下のように計算することができます。

$$\frac{10{,}000 + 24{,}000 + 22{,}000}{100株 + 200株 + 200株} = \frac{56{,}000}{500株} = @112.0$$

　その結果，処分した自己株式の帳簿価額は，11,200（＝@112.0×100株）と算定されます。

　処分後の11月1日には@120.0で300株を取得していますが，この取引内容は9月20日に処分した自己株式の帳簿価額には影響を与えません。

5 ┃ 自己株式の処分と同時に新株の発行を行った場合の会計処理

　自己株式の処分は新株の発行と同様の経済的効果を持ちますが，会計処理は異なります。例えば，1株当たりの払込金額が10で10株を新株発行し，払込金額の全額を資本金とした場合の仕訳は次のようになります。

仕訳（払込金額の全額を資本金とした場合）

現金預金	100 ※1	資本金	100 ※2

※1　@10×10株
※2　払込金額の全額

　会社法では，払込金額のうち1/2までは資本金として計上せず，資本準備金とすることができる旨が定められています。仮に上記の例で払込金額の1/2を資本金とした場合の仕訳は次のようになります。

仕訳（払込金額の1/2を資本金とした場合）

現金預金	100 ※1	資本金	50 ※2
		資本準備金	50 ※3

※1　@10×10株
※2　払込金額100×1/2
※3　払込金額100－資本金計上額50

　さて，自己株式の処分と同時に新株の発行を行う際，自己株式処分差損が発生すると，その分だけ新株発行によって増加させることのできる資本金・資本準備金の額（資本金等増加限度額）が小さくなるような規定が会社計算規則14条1項に設けられています。例えば，以下のような条件で募集株式の発行を行ったとします。

設 例

【前提条件】

● 募集株式数50株（内訳は新株の発行10株，自己株式の処分40株）
● 払込金額500（＝@10×50株）
● 処分する自己株式の帳簿価額450
● 資本金等増加限度額の1/2を資本金とする（残りは資本準備金となる）
　払込金額500を新株の発行10株分と自己株式の処分40株分に按分すると，新株の発行に係る払込金額は100，自己株式の処分に係る払込金額は400となる。

$$新株の発行に対応する部分：\frac{500}{10株+40株}×10株=100$$

自己株式の処分に対応する部分： $\dfrac{500}{10株＋40株} \times 40株 ＝ 400$

　その結果，処分する自己株式の帳簿価額は450なので，自己株式処分差損が50（＝400－450）発生する。

　払込金額のうち，新株の発行に対応する部分は100ですが，自己株式の処分によって処分差損50が発生しているため，この場合の資本金等増加限度額は50（＝100－自己株式処分差損50）となる。

　資本金等増加限度額の1／2を資本金としますから，資本金の増加額は25，資本準備金の増加額は25となる。

仕訳（自己株式の処分と同時に新株の発行を行い，自己株式処分差損が発生する場合）

現金預金	500 ※1	資本金	25 ※3
		資本準備金	25 ※4
		自己株式	450 ※2

※1　@10×50株
※2　帳簿価額
※3　$\dfrac{新株の発行に対応する払込金額100 － 自己株式処分差損50}{2}$
※4　資本金等増加限度額50-資本金の増加額25

　一方，自己株式の処分と同時に新株の発行を行ったとしても，自己株式処分差益が発生する場合には，自己株式の処分と新株の発行とを別々の取引として会計処理したのと同じ結果になります。

設例

【前提条件】
- 募集株式数50株（内訳は新株の発行10株，自己株式の処分40株）
- 払込金額500（＝@10×50株）
- 処分する自己株式の帳簿価額350
- 資本金等増加限度額の1／2を資本金とする（残りは資本準備金となる）

　払込金額500を新株の発行10株分と自己株式の処分40株分に按分すると，新株の発行に係る払込金額は100，自己株式の処分に係る払込金額は400となる。

$$新株の発行に対応する部分：\frac{500}{10株 + 40株} \times 10株 = 100$$

$$自己株式の処分に対応する部分：\frac{500}{10株 + 40株} \times 40株 = 400$$

その結果，処分する自己株式の帳簿価額は350なので，自己株式処分差益が50（＝400 − 350）発生する。

払込金額のうち，新株の発行に対応する部分は100であり，この場合の資本金等増加限度額は100となる。先ほどの例では，自己株式処分差損50を減算していたが，今回は自己株式処分差益を加算しない点で計算方法が相違する。

以下は同様に，資本金等増加限度額の1／2を資本金とするので，資本金の増加額は50，資本準備金の増加額は50となる。

発生した自己株式処分差益は，その他資本剰余金として計上する。

仕訳（自己株式の処分と同時に新株の発行を行い，自己株式処分差益が発生する場合）

現金預金	500 ※1	資本金	50 ※4
		資本準備金	50 ※5
		自己株式	350 ※2
		自己株式処分差益	50 ※3

※1　@10 × 50株

※2　帳簿価額

※3　自己株式の処分に対応する払込金額400 − 帳簿価額350

※4　$\dfrac{新株の発行に対応する払込金額100}{2}$

※5　資本金等増加限度額100 − 資本金の増加額50

自己株式の会計処理（消却）

1 ▎自己株式の消却に係る手続

　会社法178条では，以下のように規定されており，株式会社は，取締役会決議により自己株式を消却することができます。

▶ 会社法178条

1　株式会社は，自己株式を消却することができる。この場合においては，消却する自己株式の数（種類株式発行会社にあっては，自己株式の種類及び種類ごとの数）を定めなければならない。
2　取締役会設置会社においては，前項後段の規定による決定は，取締役会の決議によらなければならない。

　消却とは，株式自体を消滅させることであり，自己株式を消却すると，発行済株式総数は減少します。そして，発行済株式総数が減少すると，その旨を登記する必要があります。

　発行済株式総数の減少による変更登記は，効力が発生した日から2週間以内に行う必要があります。登記変更の事由として自己株式の消却を行った旨を，登記事項として変更年月日と変更後の発行済株式総数を記載することになります。

　なお，減少するのはあくまで発行済株式総数であり，発行可能株式総数は減少しません。この点は，しばしば誤解されやすいのですが，会社が自己株式を消却した場合でも，定款における発行可能株式総数を減少させる旨の株主総会の特別決議を行わない限り，発行可能株式総数が自動的に減少することはありません。

　また，会社がその保有している自己株式について，大量保有報告書を提出している場合で，株式の消却により株券等保有割合が1％以上減少した場合には，5営業日以内に変更報告書を提出する必要があります（金融商品取引法27条の25）。

　自己株式の消却を行った場合でも，原則として適時開示の必要はありません

【図表Ⅰ-9-1】 自己株式の消却を取締役会で決議した旨の開示例

2023 年 1 月 27 日

各 位

本店所在地 東京都港区海岸一丁目 7 番 1 号
会 社 名 ソフトバンクグループ株式会社
（コード番号 9984 東証プライム市場）
代 表 者 代表取締役 会長兼社長執行役員
孫 正義

自己株式の消却に関するお知らせ

当社は，本日，会社法第 178 条に基づき自己株式の消却を行うことを取締役会で決議しましたので，下記のとおりお知らせいたします。
これにより当社は，2021 年 11 月 8 日及び 2022 年 8 月 8 日の取締役会決議に基づき取得した自己株式の総数と同数の自己株式を消却します。

記

(1) 消却する株式の種類 当社普通株式
(2) 消却する株式の数 252,958,500 株
（消却前の発行済株式総数に対する割合 14.68%）
(3) 消却予定日 2023 年 3 月末まで

（ご参考）
1. 消却前の株式数（2022 年 12 月 31 日現在）
発行済株式総数 1,722,953,730 株
自己株式数 260,495,345 株（発行済株式総数に対する割合 15.12%）

2. 消却後の株式数の見込み
発行済株式総数 1,469,995,230 株
自己株式数 7,536,845 株（発行済株式総数に対する割合 0.51%）[※]

※ 2022 年 12 月 31 日現在の自己株式数を基準に算出しています。

以 上

が，投資意思決定に係る重要な情報であることを考慮して，任意に適時開示を行うことも数多くあります。例えば，自己株式の消却を取締役会で決議した段階（**図表Ⅰ-9-1**）と，消却手続が完了した段階（**図表Ⅰ-9-2**）の 2 回に分けて適時開示している事例も見られます。

【図表Ⅰ-9-2】 自己株式の消却を完了した旨の開示例

2023 年 3 月 30 日

各 位

本店所在地　東京都港区海岸一丁目 7 番 1 号
会　社　名　ソフトバンクグループ株式会社
（コード番号 9984　東証プライム市場）
代　表　者　代表取締役 会長兼社長執行役員
孫　正義

自己株式の消却完了に関するお知らせ

　当社は，2023 年 1 月 27 日に取締役会で決議しましたとおり，会社法第 178 条の規定に基づく自己株式の消却を本日付で完了しましたので，下記のとおりお知らせいたします。

記

（1）消却した株式の種類　　当社普通株式
（2）消却した株式の総数　　252,958,500 株
　　　　　　　　　　（消却前の発行済株式総数に対する割合 14.68％）※1
（3）消却日　　　　　　　　2023 年 3 月 30 日

（ご参考）消却後の株式数
　発行済株式総数（自己株式を含む）　1,469,995,230 株
　自己株式数　　　　　　　　　　　　7,107,481 株※2

　※1　2023 年 2 月 28 日現在の発行済株式総数を基に算出しています。
　※2　2023 年 2 月 28 日現在の自己株式数を基に算出しています。

以　上

2 ┃ 自己株式の消却に係る会計処理

　自己株式を消却した場合，消却した株式数に見合った帳簿価額をその他資本剰余金から減額します。その結果，その他資本剰余金の残高がマイナスになっ

てしまうこともあり得ますが，その場合にはマイナスとなった部分だけその他利益剰余金から減額し，その他資本剰余金はゼロとします。この処理は，自己株式の処分によりその他資本剰余金がマイナスとなった場合と同様です。資本剰余金は，株主からの払込資本のうち資本金に含まれないものを意味しており，本来，マイナスの残高という概念は想定されていません。このため，その他資本剰余金の下限はゼロとし，不足する部分については利益剰余金を減額することになります。つまり，その他資本剰余金のマイナス分を利益剰余金で補填するということです。

　自己株式の消却の会計処理は，消却手続が完了した時点で行うことになります。会社の意思決定時点である取締役会決議が行われた段階では，まだ法的に発行済株式総数が減少しているわけではないことから，会計処理は行いません。このため，自己株式の消却に係る会社の意思決定は行われているものの，会計処理は行われていないという期間が存在することになります。この状況で決算日を迎えた場合には，重要性に応じて，消却する自己株式の帳簿価額・種類・株式数を連結貸借対照表と個別貸借対照表に注記することになります。

　会計処理を具体例で示すと以下のようになります。例えば，**図表Ⅰ-9-3**の左側の状態から，自己株式の消却を行うと，自己株式の帳簿価額だけその他資本剰余金が減少し，右側の状態に変わります。その他資本剰余金が，1,200から200に減少しており，自己株式が▲1,000から0になっています。

設 例

【前提条件】

帳簿価額1,000の自己株式をすべて消却した。

仕訳

| その他資本剰余金 | 1,000 ※1 | 自己株式 | 1,000 ※1 |

※1　消却する自己株式の帳簿価額

【図表Ⅰ-9-3】　自己株式の消却後のその他資本剰余金がプラスの場合

貸借対照表
純資産の部

```
Ⅰ. 株主資本
 1. 資本金            × × ×
 2. 資本剰余金
    資本準備金        1,000
    その他資本準備金   1,200
    資本剰余金合計     2,200
 3. 利益剰余金        3,000
 4. 自己株式        ▲1,000
    株主資本合計      × × ×
```

➡

貸借対照表
純資産の部

```
Ⅰ. 株主資本
 1. 資本金            × × ×
 2. 資本剰余金
    資本準備金        1,000
    その他資本準備金     200
    資本剰余金合計     1,200
 3. 利益剰余金        3,000
 4. 自己株式            0
    株主資本合計      × × ×
```

　一方で，**図表Ⅰ-9-4**の左側の状態から，自己株式の消却を行うと，右側の状態に変わります。自己株式の帳簿価額だけその他資本剰余金を減少させると，その他資本剰余金がマイナスになってしまうため，マイナス分を利益剰余金により補填し，その他資本剰余金は500から0に，利益剰余金は3,000から2,500に減少しており，自己株式が▲1,000から0になっています。

設例

【前提条件】

帳簿価額1,000の自己株式をすべて消却した。

仕訳

| その他資本剰余金 | 1,000 ※1 | 自己株式 | 1,000 ※2 |

| その他資本剰余金 | 500 ※2 | その他資本剰余金 | 500 ※2 |

※1　消却する自己株式の帳簿価額
※2　その他資本剰余金のマイナス残高

【図表Ⅰ-9-4】 自己株式消却後のその他資本剰余金がマイナスの場合

貸借対照表
純資産の部

```
Ⅰ．株主資本
  1．資本金            ×××
  2．資本剰余金
      資本準備金        1,000
      その他資本剰余金      500
      資本剰余金合計     1,500
  3．利益剰余金         3,000
  4．自己株式        ▲1,000
    株主資本合計         ×××
```

➡

貸借対照表
純資産の部

```
Ⅰ．株主資本
  1．資本金            ×××
  2．資本剰余金
      資本準備金        1,000
      その他資本剰余金        0
      資本剰余金合計     1,000
  3．利益剰余金         2,500
  4．自己株式            0
    株主資本合計         ×××
```

　同じ会計期間のうちに，自己株式の処分や消却を複数回行い，その他利益剰余金がマイナスになってしまった場合には，利益剰余金によってその都度補填するか，期末の段階で一括して補填するかによって，貸借対照表の数値が異なってしまいます。自己株式及び準備金の額の減少等に関する会計基準（企業会計基準第1号）12項では，以下のように規定されており，会計期間末に一括して処理することになります。

▶その他資本剰余金の残高が負の値になった場合の取扱い

> その他資本剰余金の残高が負の値となった場合には，会計期間末において，その他資本剰余金を零とし，当該負の値をその他利益剰余金（繰越利益剰余金）から減額する。

　四半期財務諸表を作成している場合には，四半期末ごとに補填を行いますが，四半期末日後に洗替処理を行い，期末時点でその他資本剰余金がプラスに回復している場合には，利益剰余金による補填は行いません。これも，自己株式の処分の場合と同様です。

3 ▎ 自己株式の消却時における付随費用

　自己株式を消却する際には，変更登記に係る手数料などの付随費用が発生します。自己株式を消却した場合の付随費用は「支払手数料」などの勘定科目で営業外費用として処理します。

設 例

【前提条件】

- A社は保有している自己株式を消却した。
- 消却した自己株式の帳簿価額は1,000であった。
- 自己株式の消却にあたり，変更登記等の手数料100を支払った。

【仕訳】

| その他資本剰余金 | 1,000 ※1 | 自己株式 | 1,000 ※1 |
| 支払手数料 | 100 ※2 | 現金預金 | 100 ※2 |

※1　消却する自己株式の帳簿価額
※2　消却に係る付随費用

4 ▎消却する自己株式の帳簿価額

　処分する自己株式の帳簿価額を算定する場合と同様に，消却する自己株式の帳簿価額については，移動平均法や総平均法などによって算出します。いずれの方法を採用するかについては，会社が自らの判断で決定すればよく，特定の方法に限定されていません。自己株式の取得が原則として禁止されていた2001年までは，例えば，取得目的ごとに自己株式の帳簿価額を算定することとされていましたが，現在では取得の目的を明示する必要もないことから，このような制限もありません。ただし，種類の異なる株式を同じように扱うことはできませんから，種類株式を発行している場合には，種類ごとに帳簿価額を算定します。

【図表Ⅰ-9-5】　消却する自己株式の帳簿価額を総平均法で算定する場合

	取得単価	取得株式数	取得金額	消却株式数	消却株式帳簿金額	単価	株式数残高	帳簿残高
前期末	100.0	100	10,000			100.0	100	10,000
5月15日	120.0	200	24,000				300	
7月10日	110.0	200	22,000				500	
9月20日				100	11,500		400	
11月1日	120.0	300	36,000				700	
期末						115.0	700	80,500
合計	115.0	800	92,000					

　前期末から繰り越された100株と当期中に取得した700株（200株＋200株＋300株）を合計した800株をもとに，消却した自己株式の帳簿価額を期末の段階で算定します。

　取得金額の合計92,000を取得株式数の合計800株で除して算定された@115.0が消却した自己株式の単価となります。

　計算式は以下のとおりです。

$$\frac{10,000 + 24,000 + 22,000 + 36,000}{100株 + 200株 + 200株 + 300株} = \frac{92,000}{800株} = @115.0$$

　その結果，消却した自己株式の帳簿価額は，11,500（＝@115.0×100株）と算定されます。

【図表Ⅰ－9－6】　消却する自己株式の帳簿価額を移動平均法で算定する場合

	取得単価	取得株式数	取得金額	消却株式数	消却株式帳簿金額	単価	株式数残高	帳簿残高
前期末	100.0	100	10,000			100.0	100	10,000
5月15日	120.0	200	24,000			113.3	300	34,000
7月10日	110.0	200	22,000			112.0	500	56,000
9月20日				100	11,200	112.0	400	44,800
11月1日	120.0	300	36,000			115.4	700	80,800
期末						115.4	700	80,800

　自己株式を取得するごとに，保有する自己株式の単価を算定します。9月20日に消却した自己株式の単価は，消却直前に保有している自己株式の単価を使用し，以下のように計算することができます。

$$\frac{10,000 + 24,000 + 22,000}{100株 + 200株 + 200株} = \frac{56,000}{500株} = @112.0$$

　その結果，消却した自己株式の帳簿価額は，11,200（＝@112.0×100株）と算定されます。

　消却後の11月1日には@120.0で300株を取得していますが，この取引内容は9月20日に消却した自己株式の帳簿価額には影響を与えません。

5 ┃ 株式交換・株式移転時における自己株式の消却

　完全親子会社関係を形成することを目的として株式交換や株式移転を行う際，完全親会社となる会社は完全子会社となる会社の株主に対して金銭や株式などの対価を割り当てますが，完全子会社となる会社が自己株式を保有している場合には，その自己株式にも対価を割り当てることになります（会社法768条3項，773条4項）。特に，完全親会社となる会社の株式を対価とする場合には，割り当てにより完全子会社が完全親会社の株式を保有することになってしまいますが，その株式は相当の時期に処分しなければならないことが規定されています（会社法135条3項）。

　このような事態を回避すべく，株式交換や株式移転の効力が発生する直前に，完全子会社となる会社の保有する自己株式を消却するという実務がよく見られます。

▶会社法135条（親会社株式の取得の禁止）

> 　1　子会社は，その親会社である株式会社の株式（以下この条において「親会社株式」という。）を取得してはならない。
> 　2　前項の規定は，次に掲げる場合には，適用しない。
>
> 　他の会社（外国会社を含む。）の事業の全部を譲り受ける場合において当該他の会社の有する親会社株式を譲り受ける場合
> 　合併後消滅する会社から親会社株式を承継する場合
> 　吸収分割により他の会社から親会社株式を承継する場合
> 　新設分割により他の会社から親会社株式を承継する場合
> 　前各号に掲げるもののほか，法務省令で定める場合
> 　3　子会社は，相当の時期にその有する親会社株式を処分しなければならない。

自己株式の税務処理（取得）

　自己株式を取得した場合，会計上は取得対価の全額を自己株式の増加として処理するのに対して，税務上は自己株式の取得対価を資本の払戻額と利益の払戻額に区分した上で，資本金等の額及び利益積立金額を減少させます。すなわち，資本金等の額から取得資本金額を減少させ，株主に交付した金銭等の額が取得資本金額を超える部分について，利益積立金額を減少させます。

　なお，この利益積立金額の減算額は，譲渡した株主にとっては利益の配当とみなされ，課税対象となります。

　このように，会計と税務とで，自己株式の取得に係る取り扱いが異なるため，この相違について申告調整が必要となります。

会 計	取得対価の全額を自己株式の増加とする
税 務	自己株式の取得対価を資本の払戻額と利益の払戻額に区分した上で，資本金等の額及び利益積立金額を減少させる

　例えば，発行済株式総数が200株であるA社が，自己株式を20株取得する（取得対価は@15）とします。

　また，取得する直前の純資産が会計と税務とで**図表Ⅰ-10-1**のような状況だとします。

【図表Ⅰ-10-1】　自己株式を取得する直前のA社の純資産

純資産の部（会計）

資本金	1,000
資本剰余金	
その他資本剰余金	1,000
資本剰余金合計	1,000
利益剰余金	
繰越利益剰余金	10,000
利益剰余金合計	10,000
合計	12,000

純資産の部（税務）

資本金等の額	2,000
利益積立金額	10,000
合計	12,000

税務上の仕訳は以下のようになる。

【税務上の仕訳】

資本金等の額	200 [※1]	現金預金	280 [※3]
利益積立金額	100 [※2]	預り金（源泉所得税）	20 [※4]

※1　取得資本金額＝取得直前の資本金等の金額2,000÷取得直前の発行済株式総数200株
　　　　　　　　×取得株式数20株＝200
※2　減算する利益積立金額＝交付金銭等の額300－取得資本金額200＝100
　　　この100は，みなし配当となる。
※3　差額
※4　源泉徴収税率を20％と仮定し，みなし配当金額100×20％

一方，会計上の仕訳は，以下のようになります。

【会計上の仕訳】

自己株式	300 [※5]	現金預金	280 [※6]
		預り金（源泉所得税）	20 [※4]

※5　@15×20株
※6　差額

その結果，以下のような税務調整仕訳が必要となります。

【税務調整仕訳】

資本金等の額	200 ※1	自己株式	300 ※5
利益積立金額	100 ※2		

【別表四】

区　分	総額	処分	
		留保	社外流出
	①	②	③
当期利益または当期欠損の額			
加算　みなし配当	100		100
減算　自己株式	100	100	
所得金額または欠損金額		▲100	100

　自己株式の取得は資本取引であることから，所得金額に影響はありませんが，みなし配当に伴う留保利益の減少を反映させるために別表四に記載します。

【別表五㈠】

Ⅰ　利益積立金額の計算に関する明細書

区　分	期首現在利益積立金額	当期の増減		差引翌期首現在利益積立金額 ①－②＋③
		減	増	
	①	②	③	④
利益準備金				
資本金等の額			▲100	▲100
繰越損益金				
差引合計額			▲100	▲100

Ⅱ　資本金等の額の計算に関する明細書

区　分		期首現在資本金等の額	当期の増減		差引翌期首現在資本金等の額 ①－②＋③
			減	増	
		①	②	③	④
資本金または出資金		1,000			1,000
その他資本剰余金		1,000			1,000
自己株式				▲ 300	▲ 300
利益積立金額				100	100
差引合計額		2,000		▲ 200	1,800

11 自己株式の税務処理（処分）

　税務において，自己株式は取得した段階で資本の払戻しとして処理します。すなわち，取得した際に自己株式の帳簿価額を資本金等の額または利益積立金額から減額するため，自己株式の帳簿価額はゼロとなっています。

　このため，自己株式を処分した場合には，新株を発行した場合と同様に，処分価額の全額を資本金等の額の増加として取り扱うことになります。

　一方で，会計上は，処分した自己株式の帳簿価額と処分価額の差額である自己株式処分差額の分だけその他資本剰余金の増減を認識しますから，この相違について税務調整が必要となります。

　また，消却の際に生じた付随費用は，発生時の損金として認められます。

会 計	自己株式処分差額に相当する部分だけがその他資本剰余金となる
税 務	処分価額の全額を資本金等の額の増加とする

(1)　自己株式処分差益が増加する場合

　例えば，図表Ⅰ-11-1の左側の状態から，次のような条件で自己株式の処分を行うと，自己株式処分差益が200発生し，会計上は右側の状態に変わります。自己株式処分差益はその他資本剰余金の内訳項目となっており，200から400に増加しています。

設 例

【前提条件】
　帳簿価額1,000の自己株式を，対価1,200で処分する。

【会計上の仕訳】

| 現金預金 | 1,200 ※1 | 自己株式
その他資本剰余金
（自己株式処分差益） | 1,000 ※2
200 ※3 |

※1　処分対価
※2　処分する自己株式の帳簿価額
※3　差額

【税務上の仕訳】

| 現金預金 | 1,200 ※4 | 資本金等の額 | 1,1,200 ※4 |

※4　処分対価

【図表Ⅰ-11-1】　自己株式処分差益が増加する場合

```
          貸借対照表                        貸借対照表
          純資産の部                        純資産の部

資本金              1,000        資本金              1,000
資本剰余金                        資本剰余金
  資本準備金         1,000          資本準備金         1,000
  その他資本剰余金     200          その他資本剰余金     400
  資本剰余金合計      1,200         資本剰余金合計      1,400
利益剰余金                        利益剰余金
  繰越利益剰余金     3,000          繰越利益剰余金     3,000
  利益剰余金合計     3,000          利益剰余金合計     3,000
自己株式          ▲1,000        自己株式             0
  合計           4,200          合計           5,400
```

　なお，処分した自己株式について，取得した際に税務上で減少した資本金等の額が600，利益積立金額が400だったとすると，会計と税務の相違を解消するために以下のような税務調整仕訳が必要となる。

　まず，自己株式の処分により会計上の自己株式の帳簿価額が1,000減少して0となり，税務との差異が解消するため，自己株式の取得時に調整した差異を取り崩す。

　そして，自己株式の処分によって，税務上の利益積立金額が増加することはないため，差異の解消によって増加させた利益積立金額400を資本金等の額に加算する。

【税務調整仕訳】

自己株式	1,000 ※2	資本金等の額	600 ※5
		利益積立金額	400 ※6
利益積立金額	400 ※6	資本金等の額	400 ※6

※5 取得した際に税務上で減少した資本金等の額
※6 取得した際に税務上で減少した利益積立金額

【別表四】

　自己株式の処分は資本取引であることから，所得金額に影響はなく，税務上の調整はない。

【別表五㈠】

Ⅰ　利益積立金額の計算に関する明細書

区　　分		期首現在利益積立金額	当期の増減		差引翌期首現在利益積立金額 ①－②＋③
			減	増	
		①	②	③	④
資本金等の額		▲ 400	▲ 400	▲ 400	▲ 400
繰越損益金		3,000	3,000	3,000	3,000

Ⅱ　資本金等の額の計算に関する明細書

区　　分		期首現在資本金等の額	当期の増減		差引翌期首現在資本金等の額 ①－②＋③
			減	増	
		①	②	③	④
資本金または出資金		1,000			1,000
資本準備金		1,000			1,000
その他資本剰余金		200		200	400
自己株式		▲ 1,000	▲ 1,000		0
利益積立金額		400	400	400	400

(2)　自己株式処分差益が減少する場合

　一方で，**図表Ⅰ-11-2**の左側の状態から，次のような条件で自己株式の処分を行うと，自己株式処分差損が200発生し，右側の状態に変わります。自己株式処分差益はその他資本剰余金の内訳項目となっており，自己株式処分差損が発生した分だけ減少しています。

設 例

【前提条件】

　帳簿価額1,000の自己株式を，対価800で処分する。

【会計上の仕訳】

現金預金	800 ※1	自己株式	1,000 ※2
その他資本剰余金	200 ※3		
（自己株式処分差損）			

※1　処分対価
※2　処分する自己株式の帳簿価額
※3　差額

【税務上の仕訳】

| 現金預金 | 800 ※4 | 資本金等の額 | 800 ※4 |

※4　処分対価

【図表Ⅰ-11-2】　自己株式処分差損が発生する場合

貸借対照表 純資産の部		貸借対照表 純資産の部	
資本金	1,000	資本金	1,000
資本剰余金		資本剰余金	
資本準備金	1,000	資本準備金	1,000
その他資本剰余金	200	その他資本剰余金	0
資本剰余金合計	1,200	資本剰余金合計	1,000
利益剰余金		利益剰余金	
繰越利益剰余金	3,000	繰越利益剰余金	3,000
利益剰余金合計	3,000	利益剰余金合計	3,000
自己株式	▲1,000	自己株式	0
合　計	4,200	合計	5,000

　なお，処分した自己株式について，取得した際に税務上で減少した資本金等の額が600，利益積立金額が400だったとすると，会計と税務の相違を解消するために以下のような税務調整仕訳が必要となる。

　まず，自己株式の処分により会計上の自己株式の帳簿価額が1,000減少して 0 となり，税務との差異が解消するため，自己株式の取得時に調整した差異を取り崩す。

　そして，自己株式の処分によって，税務上の利益積立金額が増加することはないため，差異の解消によって増加させた利益積立金額400を資本金等の額に加算する。

【税務調整仕訳】

自己株式	1,000 ※2	資本金等の額	600 ※5
		利益積立金額	400 ※6
利益積立金額	400 ※6	資本金等の額	400 ※6

※5　取得した際に税務上で減少した資本金等の額
※6　取得した際に税務上で減少した利益積立金額

【別表四】

　自己株式の処分は資本取引であることから，所得金額に影響はなく，税務上の調整はない。

【別表五㈠】

I　利益積立金額の計算に関する明細書

区　分	期首現在利益積立金額	当期の増減		差引翌期首現在利益積立金額 ①−②＋③
		減	増	
	①	②	③	④
資本金等の額		▲ 400	▲ 400	▲ 400	▲ 400
繰越損益金		3,000	3,000	3,000	3,000

Ⅱ　資本金等の額の計算に関する明細書

区　　分	期首現在資本金等の額	当期の増減		差引翌期首現在資本金等の額 ①－②＋③
		減	増	
	①	②	③	④
資本金または出資金	1,000			1,000
資本準備金	1,000			1,000
その他資本剰余金	200	200		0
自己株式	▲ 1,000	▲ 1,000		0
利益積立金額	400	400	400	400

(3)　その他資本剰余金がマイナスになる場合

　図表Ⅰ-11-1の場合も図表Ⅰ-11-2の場合も，自己株式処分後の貸借対照表におけるその他資本剰余金はプラスを維持していますが，自己株式処分差損が多額に発生すると，その他資本剰余金はマイナスになってしまいます。例えば，図表Ⅰ-11-3の左側の状態から，次のような条件で自己株式の処分を行うと，自己株式処分差損が300発生しますが，その他資本剰余金は200しかないため，このままではその他資本剰余金が▲100となってしまいます。

設 例

【前提条件】
　帳簿価額1,000の自己株式を，対価700で処分する。

【会計上の仕訳】

現金預金 その他資本剰余金 （自己株式処分差損）	700 ※1 300 ※3	自己株式	1,000 ※2
繰越利益剰余金	100 ※4	その他資本剰余金	100 ※4

※1 処分対価
※2 処分する自己株式の帳簿価額
※3 差額
※4 その他資本剰余金のマイナス残高

【税務上の仕訳】

現金預金	700 ※5	資本金等の額	700 ※5

※5 処分対価

【図表Ⅰ-11-3】 その他資本剰余金がマイナスになる場合

貸借対照表　　　　　　　　　　　　　　貸借対照表
純資産の部　　　　　　　　　　　　　　純資産の部

資本金	1,000
資本剰余金	
資本準備金	1,000
その他資本剰余金	200
資本剰余金合計	1,200
利益剰余金	
繰越利益剰余金	3,000
利益剰余金合計	3,000
自己株式	▲1,000
合　計	4,200

➡

資本金	1,000
資本剰余金	
資本準備金	1,000
その他資本剰余金	0
資本剰余金合計	1,000
利益剰余金	
繰越利益剰余金	2,900
利益剰余金合計	2,900
自己株式	0
合計	4,900

　なお，処分した自己株式について，取得した際に税務上で減少した資本金等の額が600，利益積立金額が400だったとすると，会計と税務の相違を解消するために以下のような税務調整仕訳が必要となる。

　まず，自己株式の処分により会計上の自己株式の帳簿価額が1,000減少して0となり，税務との差異が解消するため，自己株式の取得時に調整した差異を取り崩す。

　そして，自己株式の処分によって，税務上の利益積立金額が増加することはないため，差異の解消によって増加させた利益積立金額400を資本金等の額に加算する。

　さらに，会計上はその他資本剰余金のマイナス分である100を繰越利益剰余金から減少させているが，税務上の利益積立金額は増減しないため，同額を資本金等の額に振り替える。

【税務調整仕訳】

自己株式	1,000 ※2	資本金等の額	600 ※5
		利益積立金額	400 ※6
利益積立金額	400 ※6	資本金等の額	400 ※6
資本金等の額	100 ※4	利益積立金額	100 ※4

※5　取得した際に税務上で減少した資本金等の額
※6　取得した際に税務上で減少した利益積立金額

【別表四】

　自己株式の処分は資本取引であることから，所得金額に影響はなく，税務上の調整はありません。

【別表五(一)】

Ⅰ　利益積立金額の計算に関する明細書

区　分		期首現在利益積立金額	当期の増減		差引翌期首現在利益積立金額①−②+③
			減	増	
		①	②	③	④
資本金等の額		▲400	▲400 ▲100	▲400	▲300
繰越損益金		3,000	3,000	2,900	2,900
(繰越損益金のうち自己株式処分差損)				▲100	▲100

Ⅱ 資本金等の額の計算に関する明細書

区　　分		期首現在資本金等の額	当期の増減		差引翌期首現在資本金等の額 ①－②＋③
			減	増	
		①	②	③	④
資本金または出資金		1,000			1,000
資本準備金		1,000			1,000
その他資本剰余金		200	300	100	0
自己株式		▲1,000	▲1,000		0
利益積立金額		400	400 100	400	300

12 自己株式の税務処理（消却）

税務において，自己株式は取得した段階で資本の払戻しとして処理します。すなわち，取得した際に自己株式の帳簿価額を資本金等の額または利益積立金額から減額するため，自己株式の帳簿価額はゼロとなっています。

このため，自己株式を消却したときには，税務上の資本金等の額及び利益積立金額に変動はなく，何らの処理も行いません。

一方で，会計上は，自己株式を消却したときにその他資本剰余金を減額しますから，この相違について申告調整が必要となります。

また，消却の際に生じた付随費用は，発生時の損金として認められます。

会 計	自己株式の消却時にその他資本剰余金を減額する
税 務	自己株式の取得時に資本金等の額または利益積立金額を減額するため，消却時には処理をしない

例えば，図表Ⅰ-12-1の左側の状態から，保有するすべての自己株式を消却したとします。すると，会計上は，自己株式の帳簿価額だけその他資本剰余金が減少し，右側の状態に変わります。その他資本剰余金が，1,200から200に減少しており，自己株式が▲1,000から0になっています。

設 例

【前提条件】

帳簿価額1,000の自己株式をすべて消却した。

【会計上の仕訳】

その他資本剰余金	1,000 [※1]	自己株式	1,000 [※1]

※1 消却する自己株式の帳簿価額

【税務上の仕訳】

仕訳なし

【図表 I -12- 1】　自己株式の消却後のその他資本剰余金がプラスの場合

貸借対照表 純資産の部			貸借対照表 純資産の部	
資本金	2,000		資本金	2,000
資本剰余金			資本剰余金	
資本準備金	1,000		資本準備金	1,000
その他資本剰余金	1,200		その他資本剰余金	200
資本剰余金合計	2,200		資本剰余金合計	1,200
利益剰余金			利益剰余金	
繰越利益剰余金	3,000		繰越利益剰余金	3,000
利益剰余金合計	3,000		利益剰余金合計	3,000
自己株式	▲1,000		自己株式	0
合計	6,200		合計	6,200

　ここで，消却した自己株式について，取得した際に税務上で減少した資本金等の額が600，利益積立金額が400だったとすると，以下のような申告調整が必要となる。

　まず，自己株式の消却により会計上の自己株式の帳簿価額が1,000減少して税務との差異が解消するため，自己株式の取得時に調整した差異を取り崩す。

　そして，自己株式の取得時に税務上で減少した資本金等の額600と，消却時に会計上で減少したその他資本剰余金1,000の差額である400を資本金等の額に加算し，同額だけ利益積立金額を減算する。

【申告調整】

自己株式	1,000 [※1]	資本金等の額	600 [※2]
		利益積立金額	400 [※3]
利益積立金額	400 [※4]	資本金等の額	400 [※4]

※ 1　消却する自己株式の帳簿価額

※ 2　取得した際に税務上で減少した資本金等の額

※ 3　取得した際に税務上で減少した利益積立金額

※ 4　取得した際に税務上で減少した資本金等の額600と消却時に会計上で減少したその他資本剰余金1,000の差額

【別表四】

　自己株式の処分は資本取引であることから，所得金額に影響はなく，税務上の調整はありません。

【別表五 (一)】

Ⅰ　利益積立金額の計算に関する明細書

区　　分	期首現在利益積立金額	当期の増減		差引翌期首現在利益積立金額 ① − ② + ③
		減	増	
	①	②	③	④
資本金等の額	▲ 400	▲ 400	▲ 400	▲ 400
繰越損益金	3,000	3,000	3,000	3,000

Ⅱ　資本金等の額の計算に関する明細書

区　　分	期首現在資本金等の額	当期の増減		差引翌期首現在資本金等の額 ① − ② + ③
		減	増	
	①	②	③	④
資本金または出資金	2,000			2,000
資本準備金	1,000			1,000
その他資本剰余金	1,200	1,000		200
自己株式	▲ 1,000	▲ 1,000		0
利益積立金額	400	400	400	400

ケース別
経営意思決定における
自己株式の活用方法

　第 II 部では，自己株式を経営意思決定にどのように活用することができるのかを，具体的なケースを挙げて解説しています。

　各ケースでは，経営陣の目線から，「〇〇したい」というタイトルを付しており，現状の経営課題を起点に，自己株式をその解決策として活用した場合の効果や会計・税務への影響・留意点をまとめています。

　第 II 部の気になるケースから読み進めていただいても理解できるよう，「1話完結型」にしていますから，ご自身の経営環境にマッチするものから始めてみてください。

　一通り読んでいただければ，自己株式の取得にはどのような効果があるのか，自己株式の処分方法にはどのような形態があるのか，役員や従業員にどのような影響を及ぼすのかなど，自己株式に係る横断的な理解が深まるはずです。

株価の下落を抑えたい

1 | 目　的

> 業績予想の下方修正など，市場の期待を下回る業績を発表する際に，株
> 価の下落を抑える

2 | 背　景

　企業が業績予想を開示しなければならないという法律上の義務はありません
が，実際には上場企業の多くは将来の業績予想を開示しており，実務上の慣行
として長年にわたって定着しています。これは，証券取引所からの開示要請が
あるという面もありますが，それよりも，業績予想の開示は，企業にとって投資
家をはじめとした利害関係者との重要なコミュニケーション手段の1つだか
らです。

　一般に，投資家は，将来の企業価値の予測に基づいて投資意思決定を行いま
す。最も単純な投資行動としては，将来，企業価値が増加すると予測すれば株
式を買い，減少すると予測すれば株式を売却します。企業価値の予測には，財
務・非財務も含め，様々な情報が活用されますが，企業の状況について最も正
確で詳細な情報を有するのは企業自身であり，外部の投資家と企業との間には，
質・量の両面で情報の大きな格差があります。この格差をできる限り小さくす
ることが証券市場における公正かつ円滑な価格形成にとって重要といえます。
このため，業績予想の開示を通じて利害関係者とのコミュニケーションをとり，
情報の格差を縮めていくことは企業自身にとってもメリットがあります。

　業績予想を開示するスケジュールの最もオーソドックスなパターンは，本決算
後に証券取引所へ提出する決算短信において翌年度の業績予想を開示し，その
後の第1四半期決算短信・第2四半期決算短信・第3四半期決算短信では最

新の状況に基づいて本決算の業績予想を見直して開示するというサイクルです。

　また，昨今のように，資源価格・原材料価格・為替等が急激に変動している環境下において，これらの指数への感応度が高い企業では，約12か月後の業績を予想することは困難であるとして，ある程度の精緻な予想ができた段階で開示することもあります。例えば第1四半期決算短信や第2四半期決算短信ではじめて当年度の業績予想を開示するというパターンもしばしばみられます。

　いずれにせよ，上場企業では将来の業績予想を自主的に開示するケースが多く，投資家をはじめとした利害関係者は，その予想数値を考慮しながら投資意思決定を行います。

　ところが，実際の企業活動では，すべての物事が企業側の事前の予想通りに進むはずはなく，最新の予想数値や確定した業績が事前の予想数値と乖離してしまうこともあります。このとき，乖離率が一定のレベルを超えると，上場企業ではその内容を直ちに開示することが求められています。

　例えば，東京証券取引所の有価証券上場規程においては，以下のように定められており，売上高が10％以上乖離した場合，営業利益・経常利益・純利益が30％以上乖離した場合には，業績予想の修正を公表しなければなりません。上述のとおり，業績予想の開示は任意ですが，すでに開示している場合において，予想数値との大きな乖離が生じた際には，修正の発表が義務づけられています。

▶上場規程第405条第1項

> 上場規程第405条第1項上場会社は，当該上場会社の属する企業集団の売上高，営業利益，経常利益又は純利益（上場会社がIFRS任意適用会社である場合は，売上高，営業利益，税引前利益，当期利益又は親会社の所有者に帰属する当期利益）について，公表がされた直近の予想値（当該予想値がない場合は，公表がされた前連結会計年度の実績値）に比較して当該上場会社が新たに算出した予想値又は当連結会計年度の決算において差異（投資者の投資判断に及ぼす影響が重要なものとして施行規則で定める基準に該当するものに限る。）が生じた場合は，直ちにその内容を開示しなければならない。

▶上場規程施行規則第407条

規程第405条第1項に規定する投資者の投資判断に及ぼす影響が重要な
ものとして施行規則で定める基準は，次の各号に掲げる区分に従い，当
該各号に定めることとする。
(1)　企業集団の売上高
　　新たに算出した予想値又は当連結会計年度の決算における数値を公表
がされた直近の予想値（当該予想値がない場合は，公表がされた前連結
会計年度の実績値）で除して得た数値が1.1以上又は0.9以下であること。
(2)　企業集団の営業利益
　　新たに算出した予想値又は当連結会計年度の決算における数値を公表
がされた直近の予想値（当該予想値がない場合は，公表がされた前連結
会計年度の実績値）で除して得た数値が1.3以上又は0.7以下（公表がさ
れた直近の予想値又は当該予想値がない場合における公表がされた前連
結会計年度の実績値がゼロの場合はすべてこの基準に該当することとす
る。）であること。
(3)　企業集団の経常利益（上場会社がIFRS任意適用会社である場合は，
　　税引前利益）
　　新たに算出した予想値又は当連結会計年度の決算における数値を公表
がされた直近の予想値（当該予想値がない場合は，公表がされた前連結
会計年度の実績値）で除して得た数値が1.3以上又は0.7以下（公表がさ
れた直近の予想値又は当該予想値がない場合における公表がされた前連
結会計年度の実績値がゼロの場合はすべてこの基準に該当することとす
る。）であること。
(4)　企業集団の純利益（上場会社がIFRS任意適用会社である場合は，当
　　期利益及び親会社の所有者に帰属する当期利益）
　　新たに算出した予想値又は当連結会計年度の決算における数値を公表
がされた直近の予想値（当該予想値がない場合は，公表がされた前連結
会計年度の実績値）で除して得た数値が1.3以上又は0.7以下（公表がさ
れた直近の予想値又は当該予想値がない場合における公表がされた前連

結会計年度の実績値がゼロの場合はすべてこの基準に該当することとする。）であること。

　事前に公表している業績予想数値は，あくまで予想ではあるのですが，その受け止め方は投資家によって様々です。参考程度の数値と捉える投資家もいれば，経営者のコミットメントだと捉える投資家もおり，予想数値が信頼されていればいるほど，未達であった場合の失望感も大きくなってしまいます。そして，その失望感が投資家が株式を売却する誘因につながり，公表後には株式市場での売り圧力となることもあります。また，株価が下落すると，その下落という事象自体が新たに株式を売却する誘因につながることもあります。株価が一定程度下落した場合には，リスク管理のためにいったん株式の売却をルール化している投資家も数多くいるからです。

　以上のような背景から，業績予想の下方修正など，市場の期待を下回る業績を発表する際には，株価が下落してしまう可能性が高まるため，経営者の立場からすれば，自己株式の取得を同時に発表して株価の下落を緩和したいという思いが生じることがあります。

3 ▎自己株式取得の効果

　自己株式の取得とは，会社が自社の株式を買い戻すことであり，配当と並ぶ株主還元の手法です。自己株式を取得すると，第Ⅱ部❹の解説のとおり，1株当たり利益（EPS）が上昇しますから，PERが一定だと仮定すると株価は上昇することになります。一方で，PERは投資家の期待値を表しているともいえますから，本節のケースに当てはめると，自己株式の取得は，業績予想の下方修正による1株当たり利益（EPS）の減少と投資家の期待値の低下を打ち消そうという試みだということもできます。

　また，次のような見方をすることもできます。株価は，需要と供給のバランスによって決定されます。業績の良し悪しや，財務的健全度，将来の成長見込など，様々な要素が株式市場での需要量と供給量に反映され，需要が供給を上回れば株価は上昇し，逆であれば株価は下落します。本節のケースに当てはめ

ると，自己株式の取得は，業績予想の下方修正による株式市場での供給量の増加を企業自らが需要を作り出すことで需要量を増加させ，需給をバランスさせようとする行為といえます。

4 ┃ 自己株式の取得の会計処理

自己株式を取得した場合の会計処理の概要は，以下のようになります。

■ 取得した自己株式は，取得原価をもって純資産の部の株主資本から控除する。
　➡資産計上しない

■ 期末に保有する自己株式は，純資産の部の株主資本の末尾に自己株式として一括して控除する形式で表示する。
　➡株主資本の各構成要素に配分しない

■ 自己株式の取得・処分・消却に関する付随費用は，損益計算書の営業外費用に計上する。
　➡取得原価・処分差額に含めない

詳細については，第Ⅰ部❻をご参照ください。

設例

【前提条件】
● A社は，市場で自己株式を取得し，対価として100を支払った。
　取得に係る手数料として，証券会社に手数料5を支払った。
【仕訳】

自己株式	100	現金預金	105
支払手数料（営業外費用）	5		

5 ▎ 自己株式の取得の税務処理

自己株式を取得した場合の税務処理の概要は，以下のようになります。

■ 自己株式を取得した場合，税務上は自己株式の取得対価を資本の払戻
額と利益の払戻額に区分した上で，資本金等の額及び利益積立金額を
減少させる。

■ 資本金等の額から取得資本金額を減少させ，株主に交付した金銭等の
額が取得資本金額を超える部分について，利益積立金額を減少させる。

　⇨会計と税務とで取扱いが異なるため，この相違について申告調整が
必要となる。

詳しくは，第Ⅰ部❿をご参照ください。

株価が割安であることを伝えたい

1 目　的

> 株価が割安であることを伝える

2 背　景

　法整備やIR（Investor Relations）の充実により，投資家が入手可能な情報量は，10年前・20年前と比べて格段に増加しています。しかし，それでも経営者と株主との間には埋めることのできない大きな情報格差があります。

　これは，情報の非対称性と呼ばれますが，経営者のもとには，最新の受注情報・生産現場の状況・投資機会・競合他社の情報・新技術や新商品の開発情報・資金調達の環境・人的資源の状況など，あらゆる情報が集まってきます。

　このように量的・質的に豊富な情報を有している経営者が自己株買いを決定したということは，将来の業績に自信を持っており，現在の株価が割安であると判断していることを意味します。

　企業側からすれば，将来に対して明るい見通しを持ちつつも，株価が低水準で推移している場合には，自己株式の取得に積極的な姿勢を見せることで，現在の株価の割安感を伝えることができます。

3 自己株式取得の効果

　これは，一般にアナウンスメント効果やシグナリング効果と呼ばれます。自社の実状を誰よりも詳しく知っている経営陣が現在の株価を割安であると判断しているわけですから，市場参加者はそれをシグナルと捉えて，買いで反応す

るケースが多くみられます。その結果として株価は上昇します。

　ファイナンス論の分野でよく紹介されるMM理論（Modigliani-Miller Theory）では，完全資本市場においてどのような資本構成をとっても企業価値に影響を与えない，すなわち，自社株買いは株価に対して中立であるとされています。しかし，過去のマーケット反応を実証してみると，自己株式の取得が発表された直後は，株価が上昇するケースのほうが圧倒的に多いことがわかります。これは，MM理論においては完全資本市場（Perfect Capital Market）が前提とされていますが，実際の資本市場は，様々な摩擦的要因が存在していることから，理論通りになるとは限らないことを示しており，一種のアノマリーといえます。

　他にも，自社株買いをすると，企業が他の投資案件に回せる資金的余力を低下させることになり，効率の悪い無駄な投資の実行を回避できるとして，エージェンシーコストの観点から株価の上昇を説明することもあります。資金や予算に余りがあると，本来であれば使わなくてもよいものに費消してしまうという行動は，家計でも企業でも同じようにみられるものです。

　自社株買いが株価の上昇要因となる背景については様々な見解が論じられていますが，本節のアナウンスメント効果はその代表例といえます。

4 ▎開示例

　東証の上場規程では，上場会社の業務執行を決定する機関が，会社法156条1項の規定による自己株式の取得を決定した場合は，直ちにその内容を開示することが義務づけられています。また，自己株式の取得を発表するにあたっては，その理由を開示することが要請されています。その中で，「株価が割安である」とか，「株価がディスカウントされている」といった，現状の株価に対する経営者の評価をストレートに表現している事例も見られます。これらは，アナウンスメント効果を狙ったものであると考えられ，投資家に対して経営者の思いを伝えている事例といえます。

▶ソフトバンクグループ株式会社（2022年）

　　自己株式の取得は，株主還元の充実を図るとともに，当社株式がNAV（Net Asset Value，保有株式価値－調整後純有利子負債で算出）に比べて大きくディスカウントされて取引されている状況を是正し，適正な株主価値の実現を図ることを目的としています。

▶アクティビア・プロパティーズ投資法人（2022年）

　　本投資法人の投資口価格は，Ｊリート市場全体の水準と比べても，1口当たりNAV（時価純資産）を大きく下回り，投資口価格は著しく割安な状況です。
　　こうした状況を踏まえ，本投資法人は投資主価値の向上に資する手元資金の使途について検討を重ねてきましたが，現時点において，その一部を自己投資口の取得に充当することが，1口当たり分配金及び1口当たりNAVを向上させ，投資主価値向上に資するものと判断しました。

▶武田薬品工業株式会社（2021年）

　　現在の当社の株価を鑑み，当社が潜在的に有している価値に対してかなり割安な価格で自己株式を買い戻す機会があると判断し，このタイミングで自己株式を取得することを決定いたしました。

▶株式会社ドリームインキュベータ（2020年）

　　当社では，2019年3月期決算より，会社の適正価値を示す指標として，「Net Asset Value（以下，NAV）」を採用し，継続的に公表させて頂いております。現状の株価は一株当たりのNAVと比較して著しく割安な水準であり，当該状況において自己株式の取得は，一株当たりの株主価値を高める策として極めて有効であると判断いたしました。

▶ＳＢＩホールディングス株式会社（2016年）

　　昨今の軟調な株式市場の状況や，割安に推移していると考える当社の株価動向，また2016年3月期第3四半期までの業績などを総合的に勘案し，資本効率の向上と，株主の皆様への利益還元を図るため，自己株式を取得するものです。

5 ▎自己株式の取得の会計処理

自己株式を取得した場合の会計処理の概要は，以下のようになります。

■ 取得した自己株式は，取得原価をもって純資産の部の株主資本から控除する。
　➡資産計上しない

■ 期末に保有する自己株式は，純資産の部の株主資本の末尾に自己株式として一括して控除する形式で表示する。
　➡株主資本の各構成要素に配分しない

■ 自己株式の取得・処分・消却に関する付随費用は，損益計算書の営業外費用に計上する。
　➡取得原価・処分差額に含めない

詳細については，第Ⅰ部❻をご参照ください。

設 例

【前提条件】
● A社は，市場で自己株式を取得し，対価として100を支払った。
● 取得に係る手数料として，証券会社に手数料5を支払った。

【仕訳】

自己株式	100	現金預金	105
支払手数料（営業外費用）	5		

6 ┃ 自己株式の取得の税務処理

自己株式を取得した場合の税務処理の概要は，以下のようになります。

■ 自己株式を取得した場合，税務上は自己株式の取得対価を資本の払戻額と利益の払戻額に区分した上で，資本金等の額及び利益積立金額を減少させる。

■ 資本金等の額から取得資本金額を減少させ，株主に交付した金銭等の額が取得資本金額を超える部分について，利益積立金額を減少させる。

⇨ 会計と税務とで取扱いが異なるため，この相違について申告調整が必要となる。

詳しくは，第Ⅰ部❿をご参照ください。

3 ROE（自己資本利益率）を改善したい

1 目 的

ROE（自己資本利益率）を改善する

2 背 景

ROEは「Return On Equity」の略で，自己資本利益率や自己資本当期純利益率ともいいます。有価証券報告書では「自己資本利益率」，決算短信では「自己資本当期純利益率」として開示されています。

この指標は，株主が出資した資金をもとに，企業がどれだけ効率よく利益を獲得したのかを示しており，資金の効率性を測る尺度といえます。資産規模や売上規模の異なる企業を横並びで比較できるため，財務分析指標として広く活用されています。

このROEという指標は，経済やファイナンスを取り扱った基本書や専門書には必ず載っているほど基本的な概念ですが，2014年に経済産業省が，「持続的成長への競争力とインセンティブ ～企業と投資家の望ましい関係構築～」プロジェクトの最終報告書（通称：伊藤レポート）を発表して以降，テレビやマスコミにも取り上げられ，一般的な認知度が向上しました。

そのレポートは，企業が投資家との対話を通じて持続的成長に向けた資金を獲得し，企業価値を高めていくための課題を分析して，提言を行うことを目的としたものですが，その中では次のようなことが述べられています。

● グローバル経営を推進するには，国際的に広く認知されているROE等の経営指標を経営の中核的な目標に組み入れ，それにコミットした経営を

　実行すべきである。
- ROEの水準を評価するに当たって最も重要な概念が「資本コスト」である。
- 本プロジェクトでは，グローバルな機関投資家が日本企業に期待する資本コストの平均が7％超との調査結果が示された。
- ROEが8％を超える水準で，約9割のグローバル投資家が想定する資本コストを上回ることになる。
- 個々の企業の資本コストの水準は異なるが，グローバルな投資家と対話をする際の最低ラインとして8％を上回るROEを達成することに各企業はコミットすべきである。
- 自社に適した形で水準を高め，持続的な成長につなげていくことが重要である。

　このレポートが大きな反響を呼んだのは，ROEの目標水準として8％という具体的な数値が掲げられたところにあります。それまでは，企業として，ROEを高めることの重要性は理解していても，具体的な目標数値を掲げることに躊躇していたことも多かったと思われます。もちろん，内部的には目標数値や必達数値としてROE○○％という形で設定されることはよくありましたが，公表していた企業は決して多くはありませんでした。
　しかし，このレポートの発表により，投資家は8％というひとつの目安を持つようになり，その結果として，経営者もこの水準を意識せざるを得なくなったといわれています。これ以降，企業のIRや中期経営計画においても，ROEの具体的目標数値を示している事例を目にすることが増加しました。

3 ┃ 自己株式取得の効果

　ROE（自己資本利益率）は，以下のように，当期純利益を自己資本で除して算出します。

$$ROE（自己資本利益率）= \frac{当期純利益}{自己資本}$$

　自己資本と似た概念として純資産がありますが，両者の関係は，純資産が自己資本を包含しており，個別上は，純資産から新株予約権を控除したもの，連結上は純資産から新株予約権と非支配株主持分を除いたものが自己資本であるという構図になっています（P.120のコラム参照）。

個別	$ROE（自己資本利益率）= \dfrac{当期純利益}{純資産－新株予約権}$
連結	$ROE（自己資本利益率）= \dfrac{親会社株主に帰属する当期純利益}{純資産－新株予約権－非支配株主持分}$

　なお，自己資本利益率を算定する際の純資産額は，期末時点の金額ではなく，期中平均の金額で算定することが適当だといえます。当期純利益は，期首から期末までの期間にわたって獲得したものであり，期首の純資産額と期末の純資産額が大きく異なる場合，自己資本利益率という指標が意味を持たなくなるからです。実務上は，簡便的に期首の純資産額と期末の純資産額を平均して期中平均値とするのが一般的です。

　以下の設例でわかるように，自己株式を取得すると，ROEは上昇します。ROEの算定要素となっている自己資本の金額が減少するからです。もちろん，当期純利益を増加させていくことでROEが上昇することが望ましいわけですが，経済環境は刻一刻と変化し，逆風が吹き荒れる時期も当然ありますから，増収増益をずっと続けることは容易ではありません。魅力的な投資案件が少ない状況や，これまでの好業績により豊富なキャッシュが積みあがっているような状況では，自己株式の取得によってROEを上昇させることも有益な経営手法といえます。

4 設例による解説

(1) 〈連結〉自己株式の取得を行わない場合

【前提条件】

A社のX1年度とX2年度の財政状態・経営成績は以下のとおりである。

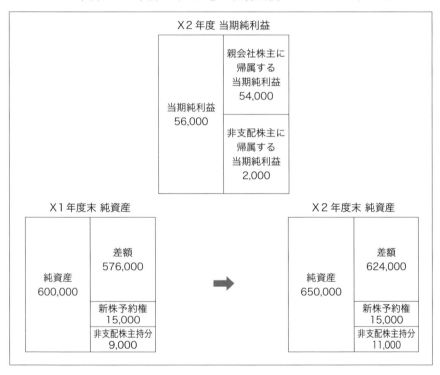

【解説】

X2年度のROE（自己資本利益率）は，以下のように算定することができる。

STEP 1	X1年度末の自己資本を算定する

純資産 600,000 − 新株予約権15,000 − 非支配株主持分 9,000 = 576,000

STEP 2	X2年度末の自己資本を算定する

純資産 650,000 − 新株予約権15,000 − 非支配株主持分 11,000 = 624,000

STEP 3	X2年度の自己資本の期中平均値を算定する

（STEP 1 で算定した576,000 + STEP 2 で算定した 624,000）÷ 2 = 600,000

STEP 4	ROE（自己資本利益率）を算定する

親会社株主に帰属する当期純利益54,000 ÷ 自己資本の期中平均値600,000 ＝ 9.0%

⑵　〈連結〉自己株式の取得を行った場合

【前提条件】

A社のX1年度とX2年度の財政状態・経営成績は以下のとおりである。A社はX2年度に，自己株式を35,000取得している。

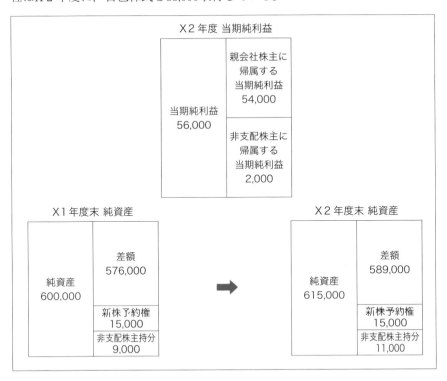

【解説】

X2年度のROE（自己資本利益率）は，以下のように算定することができる。

STEP 1　X1年度末の自己資本を算定する

　純資産 600,000 − 新株予約権15,000 − 非支配株主持分9,000 = 576,000

STEP 2　X2年度末の自己資本を算定する

　X2年度に自己株式を35,000取得したことで，同額だけ純資産は減少している。

　純資産615,000 − 新株予約権15,000 − 非支配株主持分11,000 = 589,000

STEP 3　X2年度の自己資本の期中平均値を算定する

　（STEP 1で算定した576,000 + STEP 2で算定した589,000）÷ 2 = 582,500

STEP 4　ROE（自己資本利益率）を算定する

　親会社株主に帰属する当期純利益54,000 ÷ 自己資本の期中平均値582,500 = 9.3%

　自己株式を取得することで，ROE（自己資本利益率）は 0.3% ポイント（9.3% − 9.0%）上昇したことがわかる。

(3)　〈個別〉自己株式の取得を行わない場合

【前提条件】

　A社のX1年度とX2年度の財政状態・経営成績は以下のとおりである。

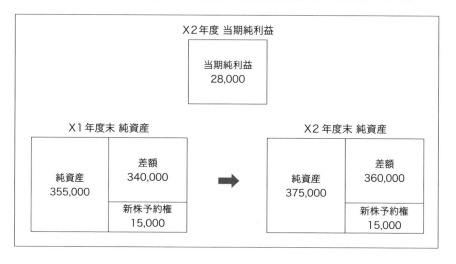

【解説】

X2年度のROE（自己資本利益率）は，以下のように算定することができる。

STEP 1	X1年度末の自己資本を算定する

純資産355,000 − 新株予約権15,000 = 340,000

STEP 2	X2年度末の自己資本を算定する

純資産375,000 − 新株予約権15,000 = 360,000

STEP 3	X2年度末の自己資本の期中平均値を算定する

（STEP 1 で算定した340,000 + STEP 2 で算定した360,000）÷ 2 = 350,000

STEP 4	ROE（自己資本利益率）を算定する

当期純利益28,000 ÷ 自己資本の期中平均値350,000 = 8.0％

(4) 〈個別〉自己株式の取得を行った場合

【前提条件】

● A社のX1年度とX2年度の財政状態・経営成績は以下のとおりである。A社はX2年度に，自己株式を35,000取得している。

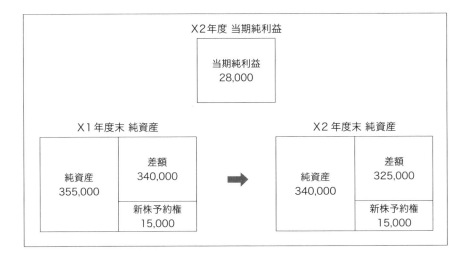

【解説】

　Ｘ２年度のROE（自己資本利益率）は，以下のように算定することができる。

| STEP 1 | X1年度末の自己資本を算定する |

　純資産355,000 − 新株予約権15,000 = 340,000

| STEP 2 | X2年度末の自己資本を算定する |

　Ｘ２年度に自己株式を35,000取得したことで，同額だけ純資産は減少している。

　純資産340,000 − 新株予約権15,000 = 325,000

| STEP 3 | X2年度の自己資本の期中平均値を算定する |

　（STEP 1 で算定した340,000 ＋ STEP 2 で算定した325,000）÷ 2 = 332,500

| STEP 4 | ROE（自己資本利益率）を算定する |

　親会社株主に帰属する当期純利益28,000 ÷ 自己資本の期中平均値332,500 = 8.4％

　自己株式を取得することで，ROE（自己資本利益率）は0.4％ポイント（8.4％ − 8.0％）上昇したことがわかる。

5 ┃ 自己株式の取得の会計処理

　自己株式を取得した場合の会計処理の概要は，以下のようになります。

■ 取得した自己株式は，取得原価をもって純資産の部の株主資本から控除する。
　➡ 資産計上しない

■ 期末に保有する自己株式は，純資産の部の株主資本の末尾に自己株式として一括して控除する形式で表示する。
　➡ 株主資本の各構成要素に配分しない

■ 自己株式の取得・処分・消却に関する付随費用は，損益計算書の営業
外費用に計上する。
　➡取得原価・処分差額に含めない

詳細については，第Ⅰ部❻をご参照ください。

設 例

【前提条件】
● A社は，市場で自己株式を取得し，対価として100を支払った。
● 取得に係る手数料として，証券会社に手数料5を支払った。

【仕訳】

| 自己株式 | 100 | 現金預金 | 105 |
| 支払手数料（営業外費用） | 5 | | |

6 ▎自己株式の取得の税務処理

自己株式を取得した場合の税務処理の概要は，以下のようになります。

■ 自己株式を取得した場合，税務上は自己株式の取得対価を資本の払戻
額と利益の払戻額に区分した上で，資本金等の額及び利益積立金額を
減少させる。
■ 資本金等の額から取得資本金額を減少させ，株主に交付した金銭等の
額が取得資本金額を超える部分について，利益積立金額を減少させる。

　⇨会計と税務とで取扱いが異なるため，この相違について申告調整が
　　必要となる

詳細については，第Ⅰ部❿をご参照ください。

コラム	『純資産』と『自己資本』

　会計学の基礎的な話になりますが，ここで『純資産』と『自己資本』の概念について整理しておきます。

　純資産は，すべての資産からすべての負債を差し引いたものであり，企業の財産のうち，返済義務を負っていない部分ということができます。

　純資産は，株主資本とそれ以外の部分に大別することができますが，株主資本以外の部分とは，具体的には，その他の包括利益累計額や新株予約権や非支配株主持分を指します。

　ここで，その他の包括利益累計額とは，以前は「評価・換算差額等」と呼ばれていた項目で，期末時点ではまだ損益が確定していないものを含む概念です。具体的には，その他有価証券評価差額金，繰延ヘッジ損益，土地再評価差額金，為替換算調整勘定，退職給付に係る調整累計額等により構成されます。2010年に包括利益の表示に関する会計基準が公表されて，「評価・換算差額等」から「その他の包括利益累計額」に名称が変更になりました。

　また，非支配株主持分とは，連結子会社の資本のうち，親会社の持分以外の部分，言い換えると，親会社が保有しているとはいえない部分をいいます。これは，連結固有の概念であり，個別財務諸表においては存在しません。以前は「少数株主持分」と呼ばれていましたが，2015年より非支配株主持分と呼び方が変わっています。

　従来は，貸借対照表において，「資産の部」と「負債の部」の差額を「資本の部」と呼び，「資本の部」が純資産であるとされていました。しかし，2005年12月に，貸借対照表の純資産の部の表示に関する会計基準（企業会計基準第5号）が公表されたことで，「資本の部」は廃止され，「資産の部」と「負債の部」の差額は「純資産の部」と定義されました。そして，従来の「資本の部」が「純資産の部」へと単純に名称を変更したわけではなく，それまでは「資本の部」に含まれていなかった新株予約権などが「純資産の部」に含まれるようになりました。「純資産の部」は従来の「資本の部」に加えて，新株予約権，少数株主持分（2015年に非支配株主持分に名称変更），繰延ヘッジ損益を含む概念にまで拡張され，株主に直接的に帰属しないものも含むようになったといえます。

EPS（1株当たり当期純利益）を改善したい

1 ┃目　　的

> EPS（1株当たり当期純利益）を改善する

2 ┃背　　景

　EPSは「Earnings Per Share」の略で，1株当たり純利益や1株当たり当期純利益ともいいます。

　この指標は，企業の収益力を示しており，稼ぐ力を測る尺度といえます。例えば，2013年から2023年の10年間で，当期純利益が100百万円から200百万円に2倍となった企業があるとします。この企業は，5年前の2018年に事業規模拡大のための工場新設時に増資による資金調達を行っており，発行済株式数は，10百万株から20百万株に増加していたとします。

　利益の金額だけを見ていると，2013年度は100百万円で2023年度は200百万円であることから，10年間で2倍になっており，収益力が伸びている企業のように見えますが，EPS（1株当たり純利益）は10年前が10円（100百万円÷10百万株）で，現在も10円（200百万円÷20百万株）と変化していないことが

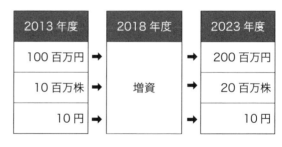

指標／年度	2013年度		2018年度		2023年度
当期純利益	100百万円	➡		➡	200百万円
発行済株式数	10百万株	➡	増資	➡	20百万株
EPS（1株当たり純利益）	10円	➡		➡	10円

わかります。

　企業全体の利益が増加することは望ましいことですが，株主の立場からすれば，自らの持分の増加といえる1株当たりの利益が成長しているのかどうかが重要です。このように，EPS（1株当たり純利益）という指標を活用すると，利益の絶対額だけからではわからない，企業の実力値を把握することができます。

　なお，A社のEPSとB社のEPSを比べて，A社のEPSの方が大きいから，A社の方が収益力に優れているというような指標の使い方はできません。企業ごとに，発行している株式数は異なるからです。

　また，このEPSという指標は，株式投資でよく利用されるPER（株価収益率）という指標とも密接に関わっています。

　PERは「Price Earnings Ratio」の略で，株価収益率ともいいます。このPERは，現在の株価がEPS（1株当たり当期純利益）の何倍になっているかを示しており，現在の株価が割高であるか割安であるかを判断する際に活用されます。PERが高ければ割高，低ければ割安であるということになります。

　業界が違えばPERの水準も異なりますし，企業の成長ステージ（成長企業か成熟企業か）によってもPERの水準は異なるため，何倍なら割高で何倍なら割安であるという一律の評価はできないのですが，例えば同じ業界で同じ成長ステージにいる企業群のPERを比較してみることで割安な銘柄を探したり，同じ会社の過去の実績PERと将来の予想PERを比較することで，現在の株価が割安なのかどうかを検討するといった使い方ができます。

　PERは，以下のように，株価をEPSで除して算出します。

$$PER（株価収益率）= \frac{株価}{EPS（1株当たり当期純利益）}$$

　この算定式を組み替えると，株価はPERにEPSを乗じたものとなります。

$$株価＝PER（株価収益率）× EPS（1株当たり当期純利益）$$

この数式を見ると，PERが一定であると仮定すれば，EPSの増加は株価の上昇をもたらすことがわかります。

次節での説明のとおり，自己株式の取得には，EPSを増加させる効果があり，株価を強く意識した経営を行っている経営者にとって，自己株式の取得は効果的な選択肢となります。

3 ┃ 自己株式取得の効果

普通株式しか発行していない企業を前提とすれば，EPS（1株当たり当期純利益）は，以下のように，当期純利益を期中平均株式数で除して算出します。

$$\text{EPS（1株当たり当期純利益）} = \frac{\text{当期純利益}}{\text{期中平均株式数}}$$

前節の例では，イメージしやすいように，当期純利益を発行済株式数で除してEPSを算出する例を示しましたが，厳密には期中平均株式数で除して算出します。両者の違いは，保有している自己株式を含むかどうかにあります。期中平均株式数には期中平均自己株式数を含まないため，EPSの算定式は以下のように書き換えることができます。

$$\text{EPS（1株当たり当期純利益）} = \frac{\text{当期純利益}}{\text{期中平均発行済株式数} - \text{期中平均自己株式数}}$$

4 ┃ 設例による解説

(1) 自己株式の取得を行わない場合

A社のX1年度・X2年度における当期純利益，期中平均発行済株式数，期中平均自己株式数が**図表Ⅱ-4-1**のような状況であった場合，EPS（1株当たり当期純利益）は，X1年度が10.00円，X2年度が9.00円となります。

【図表Ⅱ-4-1】　自己株式の取得を行わない場合のEPSの変化

指標/年度	X1年度		X2年度	増減率
当期純利益	100百万円	➡	90百万円	▲10.0%
期中平均発行済株式数	10百万株	➡	10百万株	－
期中平均自己株式数	0百万株	➡	0百万株	－
EPS（1株当たり純利益）	10.00	➡	9.00	▲10.0%

　X1年度に比べ，X2年度は当期純利益が100百万円から90百万円に10.0%減少しているため，EPSも同じく10.0%減少しています。

(2)　自己株式の取得を行った場合

　A社のX1年度・X2年度における当期純利益，期中平均発行済株式数が図表Ⅱ-4-2のような状況であったとします。ここまでは(1)の状況と変わりませんが，A社はX2年度の期首に自己株式を2百万株取得したとします。その自己株式を期首から期末まで保有し続けていると，期中平均自己株式数は2百万株となります。

　この場合，EPS（1株当たり当期純利益）は，X1年度が10.00円，X2年度

【図表Ⅱ-4-2】　自己株式の取得を行った場合のEPSの変化

指標/年度	X1年度		X2年度	増減率
当期純利益	100百万円	➡	90百万円	▲10.0%
期中平均発行済株式数	10百万株	➡	10百万株	－
期中平均自己株式数	0百万株	➡	2百万株	－
EPS（1株当たり純利益）	10.00	➡	11.25	12.5%

が11.25円となります。

　X1年度に比べ，X2年度は当期純利益が100百万円から90百万円に10.0％減少しているものの，X2年度の期首に自己株式を取得したことで，期中平均株式数が減少し，EPSは10.00から11.25に12.5％増加しています。

　前期ほどの利益は見込めないものの，キャッシュ・フローが潤沢であるという状況においては，自己株式の取得が経営指標を改善する有益な選択肢となるかもしれません。

5 ▍自己株式の取得の会計処理

　自己株式を取得した場合の会計処理の概要は，以下のようになります。

> ■ 取得した自己株式は，取得原価をもって純資産の部の株主資本から控除する。
>   ➡資産計上しない
>
> ■ 期末に保有する自己株式は，純資産の部の株主資本の末尾に自己株式として一括して控除する形式で表示する。
>   ➡株主資本の各構成要素に配分しない
>
> ■ 自己株式の取得・処分・消却に関する付随費用は，損益計算書の営業外費用に計上する。
>   ➡取得原価・処分差額に含めない

　詳細については，第I部 ❻ をご参照ください。

設 例

【前提条件】
- A社は，市場で自己株式を取得し，対価として100を支払った。
- 取得に係る手数料として，証券会社に手数料5を支払った。

【仕訳】

| 自己株式 | 100 | 現金預金 | 105 |
| 支払手数料（営業外費用） | 5 | | |

6 ▎自己株式の取得の税務処理

自己株式を取得した場合の税務処理の概要は，以下のようになります。

- ■ 自己株式を取得した場合，税務上は自己株式の取得対価を資本の払戻額と利益の払戻額に区分した上で，資本金等の額及び利益積立金額を減少させる。

- ■ 資本金等の額から取得資本金額を減少させ，株主に交付した金銭等の額が取得資本金額を超える部分について，利益積立金額を減少させる。

   ⇨ 会計と税務とで取扱いが異なるため，この相違について申告調整が必要となる

詳細については，第Ⅰ部❿をご参照ください。

| コラム | 自己株式の消却と希薄化リスク |

　自己株式を取得すると，ROE（自己資本利益率）やEPS（1株当たり純利益）といった指標が改善するのは従前の解説のとおりですが，それは取得した自己株式を消却する場合や長期的に保有する場合に限られる点には留意が必要です。

　自己株式を消却すると，消却対象となった自己株式の帳簿価額と同額だけその他資本剰余金が減少しますから，自己資本の金額は減少します。当然ですが，発行済株式数も減少します。また，自己株式を消却することなく保有している場合でも，自己株式は自己資本のマイナス項目として取り扱うことから，保有する自己株式の帳簿価額と同額だけ自己資本の金額は減少し，保有する自己株式数はEPS（1株当たり純利益）を算定する際の発行済株式数から控除することになります。消却した場合も保有を続けている場合も，自己株式は，ROE（自己資本利益率）やEPS（1株当たり純利益）を算定する際の分母から控除されるため，指標を押し上げる効果があります。

　しかし，消却することなく保有し続けた後，公募や第三者割当によって保有する自己株式を処分すると，保有していた時の効果はなくなってしまいます。このため，株主の側から見ると，企業による自己株式の取得が実施されたとしても，将来的に処分されてしまうかもしれないというリスクを考慮しなければなりません。実際の株価を辿ってみても，企業が自己株式の取得を発表後，株価がほとんど反応しないケースがあります。これは過去の自己株式の処分実績や，現在のキャッシュ・フローの状況をもとに，上記のリスクを織り込んでいるからかもしれません。このような不透明感を払拭すべく，自己株式の取得を発表すると同時に，取得する自己株式をすべて消却する予定である旨を表明する事例も多くみられます。

　ただし，消却したとしても発行可能株式総数が減少することはなく，新株発行を行う余力が生まれるので，厳密には，消却が行われたとしても希薄化リスクが低下することはありません。それでも，新株発行と自己株式の処分を比べた場合，新株発行の方が企業にとっての心理的ハードルは高いと考えられ，自己株式の消却は市場で好感されやすい傾向がみられます。

5 持ち合い株式解消による株価の下落を回避したい

1 目　的

> 持ち合い株式解消による株価の下落を回避する

2 背　景

　株式の持ち合いとは，複数の株式会社が，お互いに相手方の株式を保有している状態をいいます。日本銀行金融研究所は，「上場企業（信託銀行を除く）の２社が相互に株式を保有している状態」と定義しています。具体的に示すと，A社がB社の株式を持ち，B社もA社の株式を持っている状態です。そして，相互に保有されている株式を相互保有株式といいます。また，広義では，片方の企業のみがもう一方の企業の株式を保有する「片持ち」の状態，すなわち，A社のみがB社株式を持っている状態を持ち合いに含める場合もあります。メインバンクに自社の株式を保有してもらっていることで，双方の信頼関係がより強固になるという関係性は，全国的に数多くみられます。

　この株式の持ち合いは，日本に特有の仕組みだといわれてきました。

　日本における株式の持ち合いは，戦後の財閥解体後から始まったとされています。財閥解体により，法人の持株比率が低下して，個人の持株比率がいったんは増加したものの，敗戦による経済的余力の減少を背景に個人株主による売却が盛んに行われるようになり，それを余力のある企業が吸収する形で持ち合いの状態が生まれました。

　その後，1960年代に「貿易・為替の自由化」と「資本の自由化」が進むと，日本企業は外国資本による買収の危機にさらされるようになりました。

　そこで，外国資本による企業買収を防止するための施策として株式の持ち合

いが広まりました。そして，時が経って1980年代後半になると日本はバブル景気を迎え，低金利と株価上昇のもとで大企業のエクイティ・ファイナンスが活発化し，その受け皿として銀行が大量の新株発行を引き受ける形で，株式の持ち合いが進展しました。この時点では，広義の持ち合いである，片持ちも含めた政策保有株式の割合が，全上場銘柄の時価総額全体の50％を超えていました。

　ところが，1990年代のバブル崩壊とともに，株式の持ち合いは一転して解消に向かいます。企業収益が落ち込む中，益出しのために含み益のある持ち合い株式の売却が進みました。さらに，銀行等の業務の健全な運営を確保することを目的として，2001年に「銀行等の株式等の保有の制限等に関する法律」が制定されると，銀行等は自己資本の金額の範囲内でしか株式を保有できないことになり，持ち合い株式が解消されていきました。

　とはいえ，現在でも日本における上場企業の株式持ち合い比率は10％以上あり，諸外国では見られない特徴的な構造となっています。図表Ⅱ-5-1のように，政策保有株式の上位にはメガバンクや大手損害保険会社がずらりと並んでいます。

【図表Ⅱ-5-1】 政策保有株式の残高ランキング（2021年度末時点）

百万円単位

順位	企業名	B/S 計上額 2020 年度末	B/S 計上額 2021 年度末	増減額
1	三菱 UFJ フィナンシャル・グループ	4,567,899	4,141,879	▲ 426,020
2	三井住友フィナンシャルグループ	3,733,292	3,651,077	▲ 82,215
3	トヨタ自動車	2,772,617	3,122,524	349,907
4	MS&AD インシュアランスグループホールディングス	3,054,379	3,062,318	7,939
5	みずほフィナンシャルグループ	3,054,177	2,792,131	▲ 262,046
6	東京海上ホールディングス	2,516,840	2,571,279	54,439
7	京セラ	1,252,582	1,451,221	198,639
8	SOMPO ホールディングス	1,609,433	1,429,296	▲ 180,137
9	三井住友トラスト・ホールディングス	1,481,990	1,284,212	▲ 197,778
10	京都銀行	1,174,853	1,060,767	▲ 114,086

（出所：有価証券報告書のコーポレートガバナンスの状況をもとに筆者作成）

　なぜ企業が株式の持ち合いをするのかについては，これまでも様々な研究が行われており，主に2つのメリットがあるからだとされています。

　1つめは，上述の歴史と関連しますが，敵対的買収の防止に役立つことです。友好的な関係のある取引先やメインバンクなどに一定割合の自社株を保有してもらえば，市場に出回る株式数が減少し，敵対的買収のターゲットになりにくくなります。また，ターゲットになった場合でも，自社の株式を保有している取引先やメインバンクの協力を仰げば，敵対的買収への対抗を優位に進めることができます。

　2つめは，持ち合いを通じて取引先企業と長期的に安定した関係を築くことができ，取引網・店舗網・販路・ノウハウ等を共有することで業績にプラスの効果が生じることです。

　このようなメリットを有する持ち合いですが，近年ではデメリットも広く主張されるようになりました。例えば，持ち合いをしている双方の企業が「モノ言わぬ株主」となり，現状の企業の体制や方針が肯定されやすくなる結果，少数株主の意見が反映されにくく，企業のガバナンスが機能しなくなってしまうというものです。また，持ち合いの状態により企業の保有する資金が固定化してしまい，資本効率が悪くなってしまう点も好ましくありません。こういったデメリットも相俟って，持ち合いをしている企業は，設備投資や研究開発，M&Aに消極的になってしまい，それが企業の成長を阻害しているという見方もあります。

　このような流れを受けて，2015年に公表されたコーポレートガバナンス・コードでも，持ち合い株式に関連する内容が盛り込まれました。コーポレートガバナンス・コードは5つの基本原則の下に，31の原則と47の補充原則が示されていますが，原則1-4では以下のように記されています。

▶原則1-4　政策保有株式

　上場会社が政策保有株式として上場株式を保有する場合には，政策保有株式の縮減に関する方針・考え方など，政策保有に関する方針を開示すべきである。また，毎年，取締役会で，個別の政策保有株式について，

保有目的が適切か，保有に伴う便益やリスクが資本コストに見合っているか等を具体的に精査し，保有の適否を検証するとともに，そうした検証の内容について開示すべきである。

　上場会社は，政策保有株式に係る議決権の行使について，適切な対応を確保するための具体的な基準を策定・開示し，その基準に沿った対応を行うべきである。

　また，企業内容等の開示に関する内閣府令も数回にわたって改訂され，上場会社は有価証券報告書に政策保有株式の保有方針等を示すことが2019年3月期決算より求められ，どの会社の株式をどういう目的でいくら持っているのかといった政策保有株式の明細を記載することが必要になりました。このような背景のもと，特に金融機関の保有する株式を中心に，持ち合いの解消は緩やかに進んでいます。

3 ▎持ち合い解消の受け皿としての効果

　持ち合いを解消するために市場で株式を売却するということは，株式市場における供給量が増加することを意味し，株価に下落圧力がかかります。これを回避するために，持ち合い解消の受け皿として自己株式の取得が活用されることがあります。

　取得の手段にはいくつかの選択肢がありますが，1つめの方法としては，立会時間外で持ち合い企業から直接取得するという方法があります。ただし，すべての株主に売却機会を与えることなく，特定の株主から市場を通さずに自己株式を取得する場合には，会社法160条により株主総会の特別決議が必要になるため，難易度は高くなります。

　2つ目の方法は，持ち合い株式を市場で売却し，発行企業が市場で自己株式を取得するという方法です。この場合，定款の定めがあれば取締役会決議で自己株式の取得が可能です（会社法165条）。しかし，この方法による市場内での売却は，一度に大量の買いと大量の売りをぶつけることになり，株価の乱高下をもたらす可能性も高く，円滑に進めるのは容易ではありません。

　以上の２つの方法に比べて最も活用事例が多いのが，証券取引所の時間外市場において一定価格で自己株式を取得するという方法です。具体的手法として，東京証券取引所ではToSTNeT（Tokyo Stock Exchange Trading Network System）取引という制度が用意されています。終値取引（ToSTNeT-2）・自己株式立会外買付取引（ToSTNeT３）という手法ですが，これらの方法によれば，株価への直接的な影響を最小限に抑えつつ，取締役会決議により実行できるため，持ち合い解消の手段として数多く活用されています。現在では，自己株式立会外買付取引（ToSTNeT３）が持ち合い株式解消の手段として，主流になっています。

　持ち合い解消の受け皿としての自己株式の取得は，経営上のデメリットとして挙げられる，持ち合いによる企業ガバナンスの低下や資本効率の低下を解消しつつ，需給の悪化による株価の下落を回避できるという効果が期待できます。

4 ▍開示例

(1)　取得にあたっての開示

　取締役会で自己株式の取得を決定した場合には，直ちにその内容を開示することが義務づけられていますが，その中において取得理由を示すことになります。取得理由として，持ち合いの解消が企業価値の向上に貢献するといったものや，株式需給への影響を考慮しているという記載など，投資家の理解に資する具体的な開示をしている事例もみられます。

▶東洋インキSC ホールディングス株式会社（2022年）

表題 自己株式の取得及び自己株式立会外買付取引（ToSTNeT-3）による自己株式の買付け並びに自己株式の消却に関するお知らせ
自己株式の取得を行う理由 当社は本日付けで公表しました「サカタインクス株式会社との資本提携の解消及び業務提携の継続並びに特別利益計上に関するお知らせ」のとおり，業務提携は継続する一方で，相互に保有する株式については売却していくことが企業

価値向上に資すると判断し，両社での合意に至りました。これに伴い，株主還元の更なる充実，資本効率の向上，経営環境の変化に対応した機動的な資本政策を遂行し，企業価値を高めることを目的として，自己株式の取得及び自己株式の消却を実施いたします。

▶株式会社日立物流（2020年）

表題

自己株式の取得及び自己株式立会外買付取引（ToSTNeT−3）による自己株式の買付けに関するお知らせ

自己株式の取得を行う理由

本日公表いたしました「SGホールディングス及び佐川急便との戦略的資本業務提携の一部変更等に関するお知らせ」に記載のとおり，当社は，SGホールディングス株式会社（以下「SGホールディングス」といいます。）及び佐川急便株式会社（以下「佐川急便」といいます。）との間の資本業務提携関係の内容を変更することを決定いたしました。また，当該資本業務提携の変更に伴い，資本効率の向上や経営環境の変化に対応した機動的な資本政策を可能とするため，当社は，SGホールディングスから，その保有する当社株式の一部を取得することといたしました。なお，当該株式取得に際しては，株式市場での需給への影響を回避するために，自己株式立会外買付取引（ToSTNeT-3）により取得することといたしました。

▶株式会社IHI（2019年）

表題

自己株式の取得および自己株式立会外買付取引（ToSTNeT-3）による自己株式の買付けの決定に関するお知らせ

自己株式の取得を行う理由

今般，当社は，株式会社東芝より，同社が退職給付信託に拠出している当社株式を，全株売却する意向を有している旨の連絡を受けました。
当社は，いわゆる政策保有株主から当社株式の売却の意向が示された場合に，その売却を妨げることはしない方針であります。ただし，今回は当該売却による当社株式需給への短期的な影響を緩和し，既存の株主さまへの影響を軽減する観点から，自己株式の取得により対応することといたしました。

本自己株式取得により取得した自己株式については，現中期経営計画「グループ経営方針2019」における投資計画や事業の成長戦略に沿って，他社との資本業務提携，M&Aによる事業買収等の対価とするなど，機動的な資本政策の遂行に活用してまいります。これにより，当社の持続的な株式価値向上を図ります。

なお，株式会社東芝は当社のエネルギー関連等を中心とした事業の今後の戦略に欠かせないパートナーであり，同社との間の事業上の取引関係は今後も継続いたします。

▶テルモ株式会社（2017年）

表題
自己株式の取得及び自己株式立会外買付取引（ToSTNeT-3）による自己株式の買付けに関するお知らせ

自己株式の取得を行う理由
当社及びオリンパス株式会社（以下「オリンパス」）は，本日付で当社が公表した「保有株式売却に関するお知らせ」及びオリンパスが公表した「テルモ株式会社による自己株式の買付けへの応募並びに特別利益の発生及び業績予想の修正に関するお知らせ」のとおり，業務提携を継続する一方で，両社が相互に保有する株式を売却することが，企業価値向上に資すると判断し，合意に至りました。本合意に伴い，オリンパスは保有する当社株式を売却する意向を有しており，当社は，当該売却による株式市場での需給への影響を回避するとともに，資本効率の向上を図る観点から，自己株式の取得を行うことといたしました。なお，オリンパスからは，その保有する当社株式をもって応じる意向を有している旨の連絡を受けております。

▶日本ユニシス株式会社（2017年）

表題
自己株式の取得及び自己株式立会外買付取引（ToSTNeT-3）による自己株式の買付けに関するお知らせ

自己株式の取得を行う理由
経営環境の変化に対応した機動的な資本政策の遂行を可能とするため

その他

当社は，当社株主である三井物産株式会社より，その保有する当社普通株式の一部を売却する意向を有している旨の連絡を受けております。

---

(2) 有価証券報告書における開示

　有価証券報告書の「株式の保有状況」には，政策保有株式の保有方針や保有の合理性を検証する方法を記載することになります。これまでの削減実績や今後の削減目標などを定量的に記載している事例や，取引先との関係維持のために株式を相互に保有することに合理性はないといった踏み込んだ内容を公表している企業も見られます。

▶三井住友トラスト・ホールディングス株式会社（2022年3月期）

（保有方針）

従来型の「政策保有株式」（資本・業務提携等を目的とせず，安定株主として保有する取引先の株式等）は原則すべて保有しない方針としております。当該方針のもと，取引先を取り巻く環境やステークホルダーの動向を踏まえ，取引先各社の持続的な企業価値向上と課題解決に向けた対話を行い，そうした対話を通じて政策保有株式の削減を加速させてまいります。当面の削減目標として，2021年度から2022年度の2年間で，取得原価1,000億円の削減を目指します。

▶日本瓦斯株式会社（2022年3月期）

（保有の合理性を検証する方法）

取引先との関係維持のために株式を相互に保有することに合理性はないと考えております。当社は当該保有方針のもと，2016年に見直しに着手，2017年から金額の大きかった金融機関との持合を中心に政策保有の縮減を実施し，本業との関連性が強いガス機器メーカーも見直しの対象に加え，当事業年度末には全ての持ち合いを解消しております。

---

5 ▌自己株式の取得の会計処理

自己株式を取得した場合の会計処理の概要は，以下のようになります。

■取得した自己株式は，取得原価をもって純資産の部の株主資本から控除する。
　➡資産計上しない

■期末に保有する自己株式は，純資産の部の株主資本の末尾に自己株式として一括して控除する形式で表示する。
　➡株主資本の各構成要素に配分しない

■自己株式の取得・処分・消却に関する付随費用は，損益計算書の営業外費用に計上する。
　➡取得原価・処分差額に含めない

詳細については，第Ⅰ部❻をご参照ください。

設 例

【前提条件】
- A社は，市場で自己株式を取得し，対価として100を支払った。
- 取得に係る手数料として，証券会社に手数料 5 を支払った。

【仕訳】

自己株式	100	現金預金	105
支払手数料（営業外費用）	5		

6 ▌自己株式の取得の税務処理

自己株式を取得した場合の税務処理の概要は，以下のようになります。

■ 自己株式を取得した場合，税務上は自己株式の取得対価を資本の払戻額と利益の払戻額に区分した上で，資本金等の額及び利益積立金額を減少させる。

■ 資本金等の額から取得資本金額を減少させ，株主に交付した金銭等の額が取得資本金額を超える部分について，利益積立金額を減少させる。

⇨ 会計と税務とで取扱いが異なるため，この相違について申告調整が必要となる

詳しくは，第Ⅰ部 ❿ をご参照ください。

大株主の売却による株価の下落を回避したい

1 目　　的

> 大株主の売却による株価の下落を回避する

2 背　　景

　第Ⅱ部❺で取り扱った，株式の持ち合い解消のケースの他にも，大株主による株式の売却には様々な状況を想定することができます。大きく分けると，大株主から株式の売却を持ち掛けられるシチュエーションと，発行会社が大株主に対して株式の売却を要請するシチュエーションに区分できますが，いずれも，市場で無秩序な売却が行われると，株価が大きく下落してしまうため，できる限り株価へのインパクトを与えずに取引を実行したいと思うのが経営者の本音でしょう。

　大株主による売却の具体例としては，以下のような状況が挙げられます。

(1) 資本業務提携先からの売却意向

　A社は，5年前にB社と資本業務提携契約を締結し，B社による出資を受け入れ，B社がA社の株主となっていました。業務提携後5年が経過し，これまで技術開発や製品開発の面で協力してきたものの，当初B社が想定していたとおりの成果をあげることができず，B社では業務提携の解消とA社株式の売却を検討するようになりました。B社が主導して，第三者への売却や市場での早期売却が進められることの悪影響を考慮すると，A社はいったんB社から株式を取得した上で，時間をかけてその後の対応を検討することが適切であると判断し，自己株式として取得しました。

⑵ 創業者からの売却意向

　創業者であるaは，代表取締役としてA社の事業を拡大させ，3年前に新興市場への上場を果たしました。上場を1つのゴールと考えていた代表取締役aは，また一から新たに事業を立ち上げてみたいと思うようになり，副社長であったbに経営を任せ，役員を退任することにしました。また，代表取締役aは，筆頭株主である自分がそのまま主要株主として残り続けると，後任の経営陣による意思決定の自由度が狭まってしまい，最適な経営意思決定の阻害要因になるのではないかと考え，売却の意向を示しました。また，新たに立ち上げる事業の運転資金も必要であり，そのためにA社株式を売却して，資金を確保することを希望しました。このような状況の下，協議を重ねた後に，A社としては，自己株式として引き受けることにしました。

⑶ 役員等からの売却意向

　A社は新興市場の上場企業で，経営層の年齢も若く，創業メンバーである役員や執行役員が大株主となっていました。上場後数年が経ち，新たな事業領域への進出について経営陣で議論する中で，代表取締役aと専務取締役bの間で経営方針が一致せず，次第に関係性も悪くなり，結果的に専務取締役bは役員を退任し，独立して起業することになりました。その際，A社は主要株主でもあった専務取締役bから株式売却の意向を受け，A社としては，市場で売却されることの悪影響を考慮した結果，自己株式として引き受けることにしました。

⑷ 定年退職

　A社の常務取締役であるbは，社内規程による定年を迎え，次回の定時株主総会において任期満了で退任することになりました。bは長年のサラリーマン人生で積み上げてきたA社株式を退職一時金のようなものと位置づけており，退職を機に売却したい意向を示しました。A社株式は市場での流動性が低く，常務取締役bの所有する株式数を考慮すると，市場で売却するのは適切ではないと判断し，自己株式として取得することになりました。

(5)　突然の大量保有報告書の提出

　A社の経営陣は，ある日，B社による大量保有報告書が関東財務局に提出されたことを確認し，B社がA社の筆頭株主になりました。

　A社はこれまで，B社とは取引関係もなく，全く面識もない間柄でした。その後，A社と筆頭株主のB社は，手元資金を活用したM&Aや追加的な株主還元などの施策を通じてA社の企業価値を向上させる取組みについて協議を進めましたが，双方の主張が折り合うことなく，最終的にA社がB社から株式を買い取ることで合意に至りました。

(6)　資本提携の破談

　主要株主ではないものの，B社はA社の株式を保有しており，事業上の取引も一定程度有している間柄にありました。このような関係の中，1年前に，B社からA社に対して，これまでよりも関係性を深め，相互の持つ顧客ネットワークや技術を共有するために資本業務提携の提案が持ち掛けられました。

　両者で協議を進めたものの，最終的に条件面で折り合いがつかず，結果的に資本業務提携は実現しませんでした。また，この破談によって，B社としてはA社株式を持ち続けることの合理性が見出しにくくなり，また，A社としてもB社が市場で売却することの悪影響を考慮すると，自己株式として引き受けるのが妥当であると判断し，株式の譲渡をB社に打診しました。これにより，A社はB社から自己株式を取得することになりました。

(7)　株式報酬制度

　A社は，役員や従業員のモチベーション向上を目的として譲渡制限付株式報酬制度を導入し，役職員への報酬として新株予約権を付与することにしました。将来的に新株予約権が行使された場合には，A社株式を交付することになりますが，新株を発行して交付すると希薄化が生じ，既存株主に不利益が生じてしまいます。この希薄化を防止するために，大株主に対して一部株式の売却を要請し，A社が自己株式として取得し，役職員が新株予約権を行使した際にはその自己株式を交付することにしました。

⑻ 相続と敵対的買収防止

　A社は，上場して50年以上の老舗企業です。A社の創業者であるaには3人の子供b，c，dがいましたが，いずれもA社の事業には関与していませんでした。そして，30年前にaが亡くなったときに，b，c，dがA社株式を相続しており，主要株主となっていました。

　ある日，海外の投資ファンドであるE社による大量保有報告書が関東財務局に提出され，A社は敵対的買収の危機にさらされることになりました。そこで，A社はそれを防止するべく，aの親族に分散しているA社株式を譲渡してくれるよう打診しました。その結果，A社は，創業者aの子供である株主b，株主c，株主dからA社株式を自己株式として取得し，敵対的買収への対抗措置をとりました。

3 ▌自己株式取得の効果

　自己株式を取得する方法や効果については，前節の持ち合い株式の解消のケースで解説したものと大きく変わるところはありません。

　ただし，前節の場合と異なるのは，持ち合いの解消を目的に自己株式を取得する場合には，自己株式立会外買付取引（ToSTNeT3）によることが圧倒的に多いのに対して，本節でご紹介した様々なケースでは，立会時間外で直接取得する手法が使われることがあるという点です。この場合，特定の株主から市場を通さずに自己株式を取得することになりますから，会社法160条により株主総会の特別決議が必要になります。

　株主総会を開催する必要があるという事務負担や，売却を予定している特定の株主がその決議に参加できないこと（会社法160条4項）による議案可決の不確実性からすれば，取締役会決議で実行できる自己株式立会外買付取引（ToSTNeT3）よりもかなりハードルの高い手法です。

　しかし，自己株式の取得に充てることのできる資金量が限られている場合や，特定の株主以外からも自己株式を取得することによって市場での流動性が低下することを避けたい場合などの特別の事情がある場合には，立会時間外で相対

取引により直接取得する手法がとられることがあります。

4 ▊開示例

　特定の株主から相対取引で自己株式を取得した場合，以下のような開示が行われています。

▶グローバルセキュリティエキスパート株式会社（2022年）

表題
特定の株主からの自己株式取得に関するお知らせ

自己株式の取得を行う理由
当社は，取締役に対して当社の中長期的な企業価値の持続的な向上を図るインセンティブを与えるとともに，業績拡大へのコミットメントを強化し，株主の皆様との一層の価値共有を進めることを目的として，本株主総会に，譲渡制限付株式報酬制度の導入を付議しております。今般，上記の譲渡制限付株式報酬制度のための新株発行に伴う当社株式の希薄化を防ぐ観点から，当社の親会社である株式会社ビジネスブレイン太田昭和（以下，BBSという。）に対し，BBS が保有する当社株式の一部買受を打診し，協議の結果，当社の中長期的な企業価値向上に資する施策である旨をご評価いただき，自己株式の取得（以下，「本自己株式取得」という。）を行うことで合意いたしました。 なお，本自己株式取得は，会社法第156条第1項，第160条第1項及び第161条の規定に基づき，相対取引による自己株式の取得として行うことといたしたく，ご承認をお願いしたく存じます。

その他
本自己株式の取得に当たって，株式1株と引換えに交付する金銭等の額は，…（省略）…，会社法第161条及び会社法施行規則第30条により算定されるものを超えないため，取得する相手方以外の株主様には，会社法第160条第2項及び第3項による売主追加請求権は生じません。

▶ロードスターキャピタル株式会社（2020年）

表題
特定の株主からの自己株式取得に関するお知らせ

自己株式の取得を行う理由

当社は東京証券取引所マザーズ市場に上場する前に，Renren Lianhe Holdings（以下，Renren）から出資を受け，資金面での支援や Fintech 事業に関する助言等を受けてまいりましたが，今般，Renrenより事業遂行上の要請や投資方針の変化を理由として当社株式について当社への売却の打診を受けました。

当社においても資本効率の向上と経営環境に応じた機動的な資本政策の遂行などを総合的に検討した結果，会社法第156条第1項及び第160条第1項の規定に基づき，相対取引による自己株式の取得（以下，本自己株式取得）を行うことといたしました。

一株当たりの取得価格については，Renrenとの協議の結果，784円としております。…（省略）…。なお，当該価格は昨日（2020年2月13日）の東京証券取引所マザーズ市場における当社株式の終値1,035円に対しては24.25％（小数点以下第三位を四捨五入）のディスカウントとなります。

その他

自己株式の取得にあたっては，Renren以外の株主の皆様におかれましては，会社法第160条第3項に基づき，本定時株主総会開催日の5日前までに，当社に対し本自己株式取得の相手方であるRenrenに加えて，自己を本自己株式取得の相手方（売主）に追加するよう請求することができます。

▶株式会社サンドラッグ（2016年）

表題

特定の株主からの自己株式取得に関するお知らせ

自己株式の取得を行う理由

当社は，資本効率の向上及び企業環境の変化等に応じた機動的な経営を可能とするため，自己株式の取得を検討してまいりました。

今般，当社の筆頭株主である株式会社イリュウ商事より同社の保有する当社株式について当社への売却の打診を受けました。

このような状況を踏まえ，会社法第156条第1項，第160条第1項及び第161条の規定に基づき，相対取引による自己株式の取得を行うことといたしました。

その他

本自己株式取得にあたって株式1株を取得するのと引換えに交付する金銭等

の額は，…（省略）…，会社法第161条および会社法施行規則第30条により算定されたものを超えないため，取得する相手以外の株主様におかれては，会社法第160条第2項及び第3項による売主追加議案の請求は生じません。

5 ┃ 自己株式の取得の会計処理

自己株式を取得した場合の会計処理の概要は，以下のようになります。

■ 取得した自己株式は，取得原価をもって純資産の部の株主資本から控除する。

➡資産計上しない

■ 期末に保有する自己株式は，純資産の部の株主資本の末尾に自己株式として一括して控除する形式で表示する。

➡株主資本の各構成要素に配分しない

■ 自己株式の取得・処分・消却に関する付随費用は，損益計算書の営業外費用に計上する。

➡取得原価・処分差額に含めない

詳細については，第Ⅰ部❻をご参照ください。

設 例

【前提条件】
● A社は，市場で自己株式を取得し，対価として100を支払った。
● 取得に係る手数料として，証券会社に手数料5を支払った。

【仕訳】

| 自己株式 | 100 | 現金預金 | 105 |
| 支払手数料（営業外費用） | 5 | | |

6 ┃ 自己株式の取得の税務処理

自己株式を取得した場合の税務処理の概要は，以下のようになります。

■ 自己株式を取得した場合，税務上は自己株式の取得対価を資本の払戻
額と利益の払戻額に区分した上で，資本金等の額及び利益積立金額を
減少させる。

■ 資本金等の額から取得資本金額を減少させ，株主に交付した金銭等の
額が取得資本金額を超える部分について，利益積立金額を減少させる。

⇨ 会計と税務とで取扱いが異なるため，この相違について申告調整が
必要となる

詳細については，第Ⅰ部❿をご参照ください。

ケース7 流通株式比率の上昇や政策保有株式の縮減と株価下落の回避を両立したい

1 目　的

> 流通株式比率の上昇や政策保有株式の縮減と大株主の売却による株価の
> 下落の回避を両立させる

2 背　景

　上場会社のガバナンス向上を目的とした施策であるコーポレート・ガバナンス・コードにおける政策保有株式の縮減要請や，親子上場の解消などの実現には株式の売却を伴います。また，東証の再編による新市場区分への移行にあたって，移行先市場の上場維持基準を充足するために流通株式数・流通株式時価総額・流通株式比率を上昇させる有力な手段もまた，主要株主による株式の売却です。このように，近年，政策保有株主や親会社，創業家株主といった大株主からの株式の売却ニーズが従前よりも高まっています。一方で，株式市場において，大量の株式が一度に，または，短期間に断続的に売却されることによる需給悪化は株価の急激な下落を招くため，市場の状況を勘案しながら売却していく配慮が必要になります。

　このように相反する複数のニーズに着目して，2022年に野村證券株式会社と野村信託銀行株式会社によって開発された株式需給緩衝信託®というサービスがあります。この仕組を利用して，所有が固定的であった株式の流動化を試みた事例も見られます。

3 ▌株式需給緩衝信託®導入の効果

　上場会社であるA社が株式需給緩衝信託®を導入した場合の流れは以下のようになります。

---

① A社と大株主とが協議し，大株主がA社株式を売却してくれることに同意を得る。

② A社は，株式需給緩衝信託®を設定し，金銭を株式需給緩衝信託®に拠出する。

③ 株式需給緩衝信託®は，ToSTNeT-2（終値取引）を通じて，大株主等から立会外でA社株式を一括して取得する。

④ 株式需給緩衝信託®は，取得したA社株式を，信託期間を通じて徐々に立会内市場で売却し，換金する。

⑤ 株式需給緩衝信託®は，A社株式の売却により取得した金銭をA社に定期的に支払う。

⑥ 信託終了時に，株式需給緩衝信託®は，残余財産をA社に分配する。

　大きな流れは上記のとおりですが，その他にも株式需給緩衝信託®には以下のような特徴があります。

• 信託が保有しているA社株式については，議決権を有しないように設計されている。

• 信託が保有しているA社株式について，配当金を支払うかどうかは信託契約によって決定する。

• 信託による立会内市場でのA社株式の売却について，A社は指図をする権限を有しないように設計されている。

【図表Ⅱ-7-1】　株式需給緩衝信託®の仕組

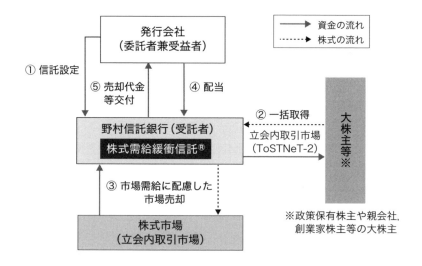

（出所：野村ホールディングス株式会社のHPより引用）

　この，株式需給緩衝信託®の役割は，大量のA社株式の売却によって市場の需給が悪化してしまうことを回避するために，いったんA社株式を取得することにあり，いわば市場における緩衝材の役割といえます。信託期間が長期であればあるほど，売却のペースは緩やかになるため，需給への影響を緩和する効果が期待できます。

4 ┃ 会計処理

　このスキームにおける信託の法的な位置づけをどのように解釈するか，信託の保有している株式を自己株式として取り扱うかどうかなど，法律面や会計面で様々な論点が存在します。会社法では，自己株式に関して，取得時の手続規制・財源規制，保有時の議決権制限・剰余金の配当制限，処分時の規制など様々な規制があります。これらの規制をこの一連の取引に課すべきかどうかの検討にあたっては，それぞれの規制の趣旨や目的を勘案して，個別に判断する

のが適切だと考えます。そうすると，ある部分では自己株式の規制が及び，ある部分では及ばないということになりますが，それが，規制の目的・取引の目的の双方を損なうことのない最善の対応だと考えます。

　また，会計の観点からは，株式需給緩衝信託®を対象とした会計基準や実務指針はなく，いくつかの異なる会計処理が想定されます。実際の導入事例をみても，企業によって処理方法は異なっており，導入時に想定していた処理方法を，約3か月後に会計監査人の見解を踏まえて変更している事例もあります。

　類似する領域の会計処理を取り扱った実務対応報告としては，「信託の会計処理に関する実務上の取扱い（実務対応報告第23号）」と「従業員等に信託を通じて自社の株式を交付する取引に関する実務上の取扱い（実務対応報告第30号）」がありますから，株式需給緩衝信託®の会計処理を検討するにあたっては，これらとの整合性も図る必要があります。

　先程のA社を使った説明を続けると，株式需給緩衝信託®は，A社が委託者でもあり受益者でもある自益信託です。そして，金銭を信託する「金銭の信託」であることから，形式的には，実務対応報告第23号のQ1に該当し，信託の設定時には，信託財産となる金銭を金銭の信託であることを示す適切な科目に振り替えるという純額法の会計処理をすることになります。しかし，実務対応報告第23号において，金銭の信託は運用目的であることが前提とされており，株式需給緩衝信託®の性格とは異なります。株式需給緩衝信託®は，どちらかというと，財産の管理を目的とした信託を想定した「金銭以外の信託」としての色合いが濃く，実務対応報告第23号のQ3に該当すると考える方が自然です。金銭を信託してその資金でA社株式を購入したのか，最初からA社株式を信託したのかという形式面の違いによって会計処理が異なるのは適切とはいえないでしょう。

　このように考えると，信託の設定時には，総額法により，信託財産を直接保有する場合と同様の会計処理を行うことになります。この点に関し，実務対応報告第23号のQ5において，「金銭の信託」であってもその金銭によって事業を譲り受けた場合には，当初から事業を信託した場合と同じ会計処理になるよう，総額法で処理することが適当である旨が述べられていることからしても，「金銭の信託」であれば必ず純額法で処理すべきという硬直的な考え方をとる

べきではなく，取引の目的や性格といった実態に応じて柔軟に判断すべきと考えられます。

　そして，信託財産を直接保有する場合と同様の会計処理をするにしても，信託財産であるA社株式を自己株式として取り扱うかどうかが次のポイントになります。これを自己株式であると解釈すれば，当該株式を株主資本のマイナス項目とし，投資有価証券であると解釈すれば資産計上することになります。会計処理に関しては，ここが最大の分岐点であり，この点を決定すれば，その後の会計処理，すなわち期末日に保有する株式を時価評価するのかどうか，売却時に損益を認識するのかどうかも自動的に決まります。

　信託財産であるA社株式を自己株式として処理する考え方は，A社と信託とを一体として会計処理すべきという立場と整合的であり，また，実務対応報告第30号において，従業員を受益者とする他益信託ですら，信託財産であるA社株式を自己株式として会計処理することが示されているのだから，自益信託である株式需給緩衝信託®では，なおさら自己株式として取り扱うべきだという論拠によります。この場合，信託の保有するA社株式は株主資本のマイナス項目として貸借対照表に計上し，取得時の付随費用は営業外費用として損益計算書に計上します。また，期末における時価評価は不要で，帳簿価額のまま据え置きます。そして，A社株式の売却時における売却価額と帳簿価額との差額はその他資本剰余金として処理することになります。

　一方，投資有価証券として処理する考え方は，信託の保有している株式は法的には自己株式とはいえない点を重視したものです。この場合，信託の保有するA社株式は，投資有価証券として貸借対照表の資産の部に計上し，取得時の付随費用は取得原価に含めて資産計上します。また，期末には時価評価を行い，評価差額はその他有価証券評価差額金として貸借対照表に計上します。そして，A社株式の売却時における売却価額と帳簿価額との差額は投資有価証券売却損益として損益計算書に計上することになります。さらにいうと，A社株式の時価が著しく下落した場合には，回復可能性を検討した上で，減損処理の対象になることもあるでしょう。

　この2つの考え方をまとめると，**図表Ⅱ-7-2**のようになります。

【図表Ⅱ-7-2】　株式需給緩衝信託®に係る会計処理

	自己株式として処理する考え方	投資有価証券として処理する考え方
根拠	①　A社と信託とを一体として会計処理すべきである ②　実務対応報告第30号において，従業員を受益者とする他益信託ですら，信託財産を自己株式として取り扱っており，自益信託であれば，なおさら自己株式として処理すべきである	信託の保有している株式は法的には自己株式とはいえない
処理方法	自己株式を直接保有しているものとして処理する	自己株式ではない株式を直接保有しているものとして処理する
B/S表示	株主資本（マイナス）	資産
取得時の付随費用	営業外費用	取得原価に含める
期末の評価	帳簿価額	時価
期末の評価差額	時価評価しないため，発生しない	その他有価証券評価差額金として計上する
売却差額	その他資本剰余金	投資有価証券売却損益

　筆者は，株式需給緩衝信託®が保有するA社株式を自己株式として取り扱わない限り，実務対応報告第30号との整合性がとれなくなってしまうことから，自己株式として処理する考え方が妥当だと考えます。また，自社の株価の動向によって，売却時や減損時に損益計算書にインパクトが生じてしまうことは，他の会計基準等とのバランスを欠いてしまうようにも思われます。

　いずれにせよ，会計監査人と事前に入念な協議を重ね，会計処理を決めた上で導入するかどうかを検討するのが得策です。会計監査人とは異なる監査法人や専門家の意見を聞いてみることも有益かもしれません。

　一般的に，会計監査の実務では，企業側と会計監査人側とで考え方の相違が
あっても，その影響額が一定の金額未満であれば監査意見に影響を及ぼさない
というバッファーがありますが，通常，この株式需給緩衝信託®で保有する株
式の金額は数億円〜数十億円規模になり，会計監査人が無視し得るバッファー
を超過してしまうと思われます。

5 ｜ 設例（自己株式として取り扱う方法を前提とした場合）

【前提条件】
- A社は，X1年2月1日に株式需給緩衝信託®を設定し，現金預金100,000
  を拠出した。
- 信託期間はX1年2月1日からX3年1月31日までと設定した。
- 受託者のB銀行は，X1年2月2日にToSTNeT-2（終値取引）を通じて，
  A社株式を1,000株取得した。取得条件は，X1年2月1日の終値100にもと
  づいて決定し，100,000を支払った。
- 受託者のB銀行は，X1年2月2日〜X1年3月31日において，A社株式
  500株を市場で売却した。この平均売却価格は99であった。
- A社は，X1年3月31日に決算日を迎え，当日の終値は98であった。
- 受託者のB銀行は，X1年4月1日〜X1年6月15日において，A社株式
  500株を市場で売却した。この平均売却価格は97であった。

【解説】
〈X1年6月1日〉
仕訳（信託の設定）

仕訳なし

〈X1年6月2日〉
仕訳（B銀行による自己株式の取得）

自己株式	100,000 [※1]	現金預金	100,000 [※1]

※1　100,000＝@100×1,000株

〈X 2 年 3 月31日〉

仕訳（A社株式の売却）

| 現金預金 | 49,500 ※2 | 自己株式 | 50,000 ※3 |
| 自己株式処分差額 | 500 ※4 | | |

※2　49,500 = @99×500株
※3　50,000 = @100×500株
※4　500 = (@100-@99)×500株

〈X 1 年 3 月31日〉

仕訳（時価評価）

| 仕訳なし |

〈X 2 年 6 月15日〉

仕訳（A社株式の売却）

| 現金預金 | 48,500 ※5 | 自己株式 | 50,000 ※6 |
| 自己株式処分差額 | 1,500 ※7 | | |

※5　48,500 = @97×500株
※6　50,000 = @100×500株
※7　1,500 = (@100-@97)×500株

6 ┃ 開 示 例

　このスキームをすでに導入済みの企業では，有価証券報告書や四半期報告書において，採用している会計処理方法の概要を追加情報として記載しています。

▶株式会社近鉄百貨店（2022年）四半期報告書

（追加情報） 流通株式比率向上を目的とする株式需給緩衝信託®の設定
当社は新市場区分としてスタンダード市場を選択しており，同市場の上場維持基準の充足を目的とし，流通株式比率を向上させる取組みを進めており，株式需給緩衝信託®（以下「本信託」という。）により，政策保有株主の保有する当社株式の一部を取得し，市場への売却を開始いたしました。

本信託は，当社が拠出する資金を原資として東京証券取引所の終値取引（ToSTNeT-2）により当社株式を取得し，その後，信託期間の内に当社株式を市場に売却し，売却代金をあらかじめ定めるタイミングで定期的に当社へ分配するものであり，当社を受益者とする自益信託であります。

従いまして，形式上は当社が拠出した資金の信託ではありますが，実態として，自己の株式を取得し即時信託設定したものと同等といえます。この場合「信託の会計処理に関する実務上の取扱い」（実務対応報告第23号平成19年8月2日）Q3に従い，受益者である当社は信託財産を直接保有する場合と同様の会計処理を行うこととなるため，「自己株式及び準備金の額の減少等に関する会計基準」（企業会計基準第1号　平成27年3月26日）及び「自己株式及び準備金の額の減少等に関する会計基準の適用指針」（企業会計基準適用指針第2号　平成27年3月26日）に従い，「自己株式」として会計処理しております。

本信託により，第1四半期連結会計期間に当社株式800,000株を2,037百万円で取得した後，当第3四半期連結累計期間に347,400株を売却し，自己株式が857百万円減少いたしました。この結果，当第3四半期連結会計期間の四半期連結貸借対照表における自己株式のうち，本信託によるものは，1,180百万円となっております。なお，自己株式の帳簿価額は移動平均法によっております。

当第3四半期連結累計期間における本信託の設定にかかる信託報酬その他の諸費用が損益に与える影響は軽微であります。また，当第3四半期連結累計期間における自己株式処分差額が資本剰余金に与える影響は軽微であります。

なお，本信託が保有する当社株式については，「自己株式」として会計処理しているため，1株当たり四半期純利益の算定上，期中平均株式数の計算において控除する自己株式に含めております。

▶メタウォーター株式会社（2023年）四半期報告書

（追加情報）
株式需給緩衝信託®の会計処理について

当第3四半期連結会計期間において，当社の流通株式数の増加を目的とし，当社の大株主である日本碍子株式会社及び富士電機株式会社並びにその他の株主の保有する当社株式の取得及び当該株式の市場への売却を実施しております。当該取引は株式需給緩衝信託®のスキームを利用して行われております。本スキームを利用した当社の取引は，関連する会計基準等の定めが明らかでない場合に該当するものとして，以下のとおり会計処理しております。

1.　取引の概要

本信託は，当社が拠出する資金を原資として東京証券取引所の立会外取引（ToSTNeT-2）により当社株式を株主から取得し，その後，一定期間をかけて当社株式を市場に対して売却する自益信託であります。売却代金はあらかじめ定めるタイミングで定期的に当社へ分配されます。

2.　会計処理の原則及び手続

株式需給緩衝信託®のスキームを利用して取得した当社株式については，取得価額（付随費用の金額を含む。）により「投資有価証券」として計上しております。決算日時点で本信託が保有する当社株式については決算日の市場に基づく時価により「投資有価証券」として計上した上で，当社株式の取得価額（付随費用の金額を含む。）と時価との差額を「その他有価証券評価差額金」として計上しております。なお，本信託が保有する当社株式については，1株当たり四半期純利益金額の算定上，期中平均株式数の計算において控除する自己株式に含めておりません。

また，当第3四半期連結会計期間中に本信託が市場に対して売却した当社株式の取得価額（付随費用の金額を含む。）と市場への売却価額との差額については，「投資有価証券売却損」として計上しております。

当該会計処理方針に基づき，当第3四半期連結会計期間においては，四半期連結貸借対照表において投資その他の資産に含まれる「投資有価証券」4,581百万円及び「その他有価証券評価差額金」△633百万円を，四半期連結損益計算書において営業外費用のその他に含まれる「投資有価証券売却損」45百万円を，それぞれ計上しております。なお，当第3四半期連結会計期間中に取得した当社株式の取得価額（付随費用の金額を含む。）は5,748百万円です。

ケース 8　短期間で自己株式を取得したい

1 ┃目　　的

> 市場の動向に左右されず，短期間で予定どおりの自己株式取得を実現させる

2 ┃背　　景

　上場会社が自己株式を取得するには，オークション市場（立会市場）で買い付ける方法，終値取引（ToSTNeT-2）で買い付ける方法，自己株式立会外買付取引（ToSTNeT-3）で買い付ける方法，公開買付による方法があります。どの方法にも一長一短があり，経営者としては，その時々で最善の選択肢をとることになります。

　例えば，オークション市場（立会市場）で買い付ける方法には，市場の動向に左右されてしまうという欠点があります。すなわち，取締役会で自己株式の取得を決定したとしても，その公表後に株価が上昇してしまえば，予定通りの株式数を購入できず，また，短期間で取得することには困難が伴います。特に，市場で株式の流動性が低い企業の場合には，適正な株価形成メカニズムを壊してしまうリスクもあります。

　次に，終値取引（ToSTNeT-2）で買い付ける方法ですが，この方法においては，株券の発行者以外も買主として参加できるため，第三者の割り込みが発生してしまうリスクがあります。約定の優先順位は時間優先ですから，注文のタイミングが後手に回ると，売り注文が不足する場合には予定通りの株式数を購入できないかもしれません。

　また，類似する自己株式立会外買付取引（ToSTNeT-3）で買い付ける方

法では，その株式の発行者しか買い注文を出すことができないため終値取引
（ToSTNeT-2）のような割り込みは発生しないものの，売り注文が不足する
場合に予定通りの株式数を購入できない点は終値取引（ToSTNeT-2）と変
わりません。終値取引（ToSTNeT-2）による買い付けも自己株式立会外買
付取引（ToSTNeT-3）による買い付けも，取引を円滑に進めるためには，
売却予定の株主が事前に確保できているかどうかがポイントになるでしょう。

　最後に公開買付による方法ですが，これには公開買付届出書の提出や公開買
付開始公告，公開買付説明書の交付などの金融商品取引法に沿った諸手続が必
要であり，他の方法に比べて事務負担が大きいことがネックになります。また，
手続の完了までに多くの日数を要することも，経営者としては悩ましい点で
しょう。

　経営者の立場からすれば，短期間のうちに，予定した数量を確実に取得でき
る方法が望ましく，そのひとつの解決策にFCSR（Fully Committed Share
Repurchase）という手法があります。

3 ┃FCSR（Fully Committed Share Repurchase）の効果

　アメリカでは，1990年代にはすでにASRというスキームで自己株式の取得
が行われていました。近年でも，メルク，アップル，ホームデポ，ユナイテッ
ド・テクノロジーズなどの大企業がこの手法で自己株式を取得しており，自己
株式の取得手法としては一般的なものになっています。ASRとは「Accelerated
Share Repurchase」の略で，日本では「加速型の自己株式取得取引」や「一
括取得型の自己株式取得取引」と訳されます。通常は時間をかけて取得する自
己株式を，一度に，かつ，一括で取得する取引であるため，このような名称と
なっています。

　ASR取引では，投資銀行や証券会社等の金融機関を介して自己株式を一括
取得することになります。具体的なスキームは次のとおりです。

　まず，自己株式を取得したい企業（A社）が金融機関（B銀行）とデリバ
ティブ取引を組み込んだASR取引契約を締結します。すると，B銀行は，機
関投資家等からA社株式を借りてきて調達し，A社に売却します。A社はB銀

行に金銭を支払って売買が成立しますので，この時点で予定していた数量の自己株式を取得できたことになります。

　その後，B銀行は数か月程度の時間をかけて市場からA社株式を買い入れ，借りていた機関投資家等に対して返済します。最終的に，借りていたすべてのA社株式を返済すると，A社とB銀行の間で精算を行います。ASR取引の開始時点からB銀行がA社株式を完済するまでの間において株価が上昇基調であった場合には，B銀行は市場において高値でA社株式を購入しており，持ち出しが発生しています。このため，A社からB銀行に対して現金や自己株式を交付して精算します。逆に，株価が下落基調にあった場合には，B銀行は市場で安くA社株式を購入できたことになるため，当初，A社と決済した金額との差額に相当する分だけ，現金やA社株式をB銀行からA社に渡して精算します。

　このスキームによれば，前半部分でA社にとっての自己株式取得は実現できるため，規模の大きな自社株買いを短期間で完了できるというメリットがあります。

　このASRを日本版にアレンジしたものがFCSR（コミットメント型自己株式取得）取引です。2022年以降，ジョイフル本田，小林製薬，日揮ホールディングスでこの手法による自己株式の取得が実行されています。基本的な流れはASRの場合と同様ですが，同じくA社とB銀行の例でいうと，FCSR取引では，A社は自己株式立会外買付取引（ToSTNeT-3）により自己株式を取得します。ここで，B銀行以外の売り手が現れた場合には，その分だけB銀行の売却株数は少なくなりますが，いずれにせよA社は予定通りの株式数を取得できます。また，A社とB銀行間での事後的な精算には，現金ではなく新株予約権を活用します。A社は事前にB銀行に対して行使価格の低い新株予約権を割り当てておき，当初取引後に株価が上昇した場合にはB銀行が新株予約権を行使してA社株式の交付を受けます。これにより，B銀行としては，当初A社から受け取った売却代金で不足する部分を補うことができ，借りてきた株式の完済が可能となります。逆に株価が下落した場合には新株予約権は行使されません。そして，A社から受け取った売却代金によって，予定していた数量よりも多くの株式を市場で購入できるため，超過分のA社株式はB銀行からA社に対して無償で交付されます。このように，株価の変動による影響をA社株式の授受のみ

によって調整することになり，現金での精算を行わないため，損益取引ではなく資本取引としての色合いが強いと考えられます。

　最終的にA社株式の授受で調整することから，トータルとしてA社が取得できる株式数は変動するものの，FCSR取引の開始時点で大量の自己株式を取得できることを優先するのであれば，この手法が最良の選択肢になるかもしれません。

4 ┃ 会計処理

　会計処理について，具体的な設例をもとに解説すると，以下のようになります。

設 例

(1)　当初取得後に株価が上昇した場合
【前提条件】
- A社は，4月4日に自己株式立会外買付取引（ToSTNeT-3）により，自己株式を50,000（基準価格@100×500株）で取得した。
- A社は，自己株式取得と同日の4月4日に，B銀行に対して新株予約権1個を割り当てる契約を締結した。新株予約権の対価はゼロとし，B銀行は無償で新株予約権1個を取得した。
- 新株予約権の権利行使時に出資される財産は0.01，権利行使により交付される株数は（当初の自己株式取得数500株－自己株式取得金額 50,000÷平均株価）という条件であった。
- 平均株価とは，自己株式取得日の翌日である4月5日から，新株予約権の行使日前日までの間の株価の出来高加重平均値であり，結果的に116と算定された。
- B銀行は，基準価格100よりも平均株価116の方が高かったため，11月11日に新株予約権を行使し，69株（当初の自己株式取得数500株－自己株式取得金額50,000÷平均株価116）の交付を受けた。権利行使にあたり，0.01を払い込んだ。

【解説】
〈4月4日〉
仕訳（自己株式の取得）

自己株式	50,000 [※1]	現金預金	50,000 [※1]

※1　50,000＝@100×500株

仕訳（新株予約権の割当）

仕訳なし			

　　新株予約権の対価はゼロで，払込がないため，仕訳なし

〈11月11日〉
仕訳（調整取引）

現金	0 ※2	自己株式	6,900 ※3
自己株式処分差額	6,900 ※4		

※2　払込額0.01のため，四捨五入により0としている
※3　6,900＝@100×69株
※4　差額

(2)　当初取得後に株価が下落した場合

【前提条件】

● A社は，4月4日に自己株式立会外買付取引（ToSTNeT-3）により，自己株式を50,000（基準価格@100×500株）で取得した。

● A社は，自己株式取得と同日の4月4日に，B銀行に対して新株予約権1個を割り当てる契約を締結した。新株予約権の対価はゼロとし，B銀行は無償で新株予約権1個を取得した。

● 新株予約権の権利行使時に出資される財産は0.01，権利行使により交付される株数は（当初の自己株式取得数500株－自己株式取得金額50,000÷平均株価）という条件であった。

● 平均株価とは，自己株式取得日の翌日である4月5日から，新株予約権の行使日前日までの間の株価の出来高加重平均値であり，結果的に94と算定された。

● B銀行は，基準価格100よりも平均株価94の方が低かったため，新株予約権を行使しないことを11月11日にA社に通知した。

● A社への通知と同時に，32株（自己株式取得金額50,000÷平均株価94－当初の自己株式取得数500株）をA社に無償で交付した。

【解説】
〈4月4日〉
仕訳（自己株式の取得）

自己株式	50,000 ※1	現金預金	50,000 ※1

※1　50,000＝@100×500株

仕訳（新株予約権の割当）

仕訳なし

　新株予約権の対価はゼロで，払込がないため，仕訳なし

〈11月11日〉

仕訳（調整取引）

仕訳なし

　無償で取得した32株については，自己株式の数のみの増加として処理するため，仕訳なし

5 ▌自己株式の取得の税務処理

　自己株式を取得した場合の税務処理の概要は，以下のようになります。

■ 自己株式を取得した場合，税務上は自己株式の取得対価を資本の払戻額と利益の払戻額に区分した上で，資本金等の額及び利益積立金額を減少させる。 ■ 資本金等の額から取得資本金額を減少させ，株主に交付した金銭等の額が取得資本金額を超える部分について，利益積立金額を減少させる。 　⇨ 会計と税務とで取扱いが異なるため，この相違について申告調整が必要となる

　また，自己株式を処分した場合の税務処理の概要は，以下のようになります。

■ 自己株式を処分した場合には，新株を発行した場合と同様に，処分価額の全額を資本金等の額の増加として取り扱う。 　⇨ 会計と税務とで取扱いが異なるため，この相違について申告調整が必要となる

　詳しくは，第Ⅰ部❿⓫をご参照ください。

加重平均資本コストを下げたい

1 目　的

> 加重平均資本コストを下げる

2 背　景

　企業が資金を調達するルートには2種類あります。1つは株主からの調達であり、発行した株式を買い取ってもらうこと（＝出資してもらうこと）による調達形態です。この方法で調達した資金は、株主資本や自己資本と呼ばれます。図表Ⅱ-9-1では、左の状態から株主資本により400を資金調達したことで右の図では純資産が400増加しています。

【図表Ⅱ-9-1】　株主資本での調達

貸借対照表
（資金調達前）

| 資産
1,000 | 負債
（他人資本）
400 |
| | 純資産
600 |

株主資本
での調達
➡

貸借対照表
（資金調達後）

| 資産
1,400 | 負債
（他人資本）
400 |
| | 純資産
1,000 |

　もう1つのルートは銀行や債権者からの調達です。銀行からの借入や、自社が発行者した社債を投資家に買い取ってもらうことによる調達形態で、この方

【図表Ⅱ-9-2】　借入金での調達

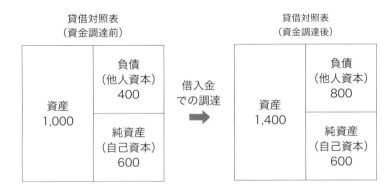

法で調達した資金は，負債や他人資本，外部資本と呼ばれます。**図表Ⅱ-9-2**では，左の状態から借入金により400を資金調達したことで右の図では負債が400増加しています。

　株主は会社を所有している立場ですから，株主から調達した資金は自分自身の資本として自己資本と呼び，それとの対比で，株主以外から調達した資金は他人資本と呼ばれています。

　他人資本にも「資本」という単語が含まれていますが，資本金という用語の「資本」とは意味合いが異なります。「資金」や「資本」というワードが，「内部」「外部」「自己」「他人」というワードと結びついたり省略されたりして，両方の意味合いで使われることがありますので，留意が必要です。

　さて，企業は調達した資金を様々な分野に投下して事業活動を行い，その結果として利益を獲得するわけですが，どの分野に資金を投下するかを決める際には，採算性を考慮します。すなわち，採算性が高く儲かりそうな分野から優先的に資金を投下することになります。例えば，1,000万円を投下すると，将来に100万円の利益が見込める案件と70万円の利益が見込める案件と50万円の利益が見込める案件があった場合，他の条件が同じであればまず100万円の利益が見込める案件を採用し，次に70万円の利益が見込める案件を採用します。このように，採算性を考慮して優先度の高い案件から順に資金を投下していくのですが，資金が無尽蔵にあるわけではないので，どこかでストップをかける

ことになります。そのタイミングを計るにあたって有用なのが，加重平均資本コストという概念です。

　企業の資金調達形態として株主資本と負債があることはすでに述べましたが，資金の出し手である株主や債権者は，その見返りを期待します。株主の場合は配当や株価上昇による値上がり益がその見返りであり，債権者の場合は利息が該当します。そしてこれらは，企業の視点から見れば資金調達に係るコストであり，株主から調達した資金に係るコストを株主資本コスト，負債で調達した資金に係るコストを有利子負債コストと呼びます。

　株主資本コストや有利子負債コストについては，各種モデルを用いて定量的に算出することができます。例えば，株主資本コストを推計するモデルとして，CAPM（Capital Asset Pricing Model）やFama-French 3ファクターモデルや裁定価格理論（Arbitrage Pricing Theory）などが有名です。こちらはファイナンス論の分野になりますのでここでは詳述しませんが，ここまでの説明で，企業は株主資本コストと有利子負債コストを負っており，これらを合わせたものが資金調達に係るコストであるということはご理解いただけたと思います。そして，株主資本による調達と有利子負債による調達の割合によって両コストを加重平均したものが加重平均資本コストという概念です。実務上は，WACC（Weighted Average Cost of Capital）と呼ばれています。このWACCという指標も，この10年間でかなり実務に浸透した印象を受けます。

　仮に，**図表Ⅱ-9-3**のように，企業が保有する1,000の資金のうち，有利子負債で400を，株主資本で600を調達していたとします。有利子負債コストが2％，株主資本コストが8％だとすると，加重平均資本コストは5.6％と算定できます。なお，実務上は，有利子負債コストや株主資本コストも企業自らが推計するのですが，単純化のため，ここでは所与としています。

【図表Ⅱ-9-3】 加重平均資本コストの算定

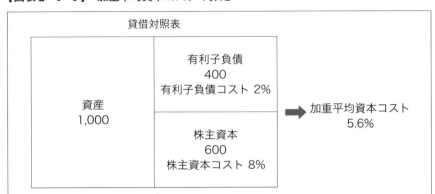

有利子負債割合 = 400 ÷ (400+600) = 0.4
株主資本割合 = 600 ÷ (400+600) = 0.6
加重平均資本コスト = 有利子負債コスト2% × 有利子負債割合0.4
　　+ 株主資本コスト8% × 株主資本割合0.6 = 5.6%

　この例では，企業は資金調達全体で5.6%のコストを負担していることになります。裏を返すと，調達した資金を投下する案件は，最低でも加重平均資本コストである5.6%の利回りが見込めるものに厳選しなければなりません。

　このように，加重平均資本コストは，投資意思決定のための基準線としての役割を果たします。基準線が高ければ高いほど，投資候補は限られてきますから，経営者には，加重平均資本コストを引き下げたいという思いが生まれます。特に，株主資本コストが高い状況においては，自己株式の取得が，加重平均資本コストの引き下げに寄与する場合があります。

3 ┃ 自己株式取得が加重平均資本コストを低減させる効果

　図表Ⅱ-9-3の状況から，有利子負債で400を新たに調達し，同額だけ自己株式の取得を行ったとします。すると，資本構成は以下の**図表Ⅱ-9-4**ように変化します。

【図表Ⅱ-9-4】　自己株式の取得が加重平均資本コストに与える影響

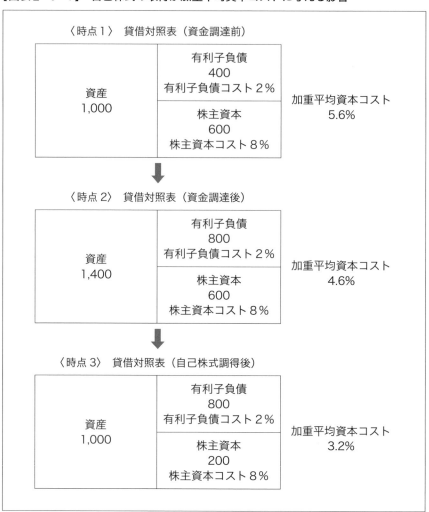

　もともと加重平均資本コストが5.6％であった状況から，有利子負債を400増加させることで4.6％になり，調達した資金で自己株式を取得すれば株主資本のマイナスとなり，株主資本が200に圧縮されることから，加重平均資本コストは3.2％へと低下します。

〈時点1〉

有利子負債割合＝400÷(400+600)＝0.4

株主資本割合＝600÷(400+600)＝0.6

加重平均資本コスト＝有利子負債コスト2％×有利子負債割合0.4
　　＋株主資本コスト8％×株主資本割合0.6＝5.6％

〈時点2〉

有利子負債割合＝800÷(800+600)≒0.571

株主資本割合＝600÷(800+600)≒0.429

加重平均資本コスト＝有利子負債コスト2％×有利子負債割合0.571
　　＋株主資本コスト8％×株主資本割合0.429＝4.6％

〈時点3〉

利子負債割合＝800÷(800+200)＝0.8

株主資本割合＝200÷(800+200)＝0.2

加重平均資本コスト＝有利子負債コスト2％×有利子負債割合0.8
　　＋株主資本コスト8％×株主資本割合0.2＝3.2％

　もちろん，有利子負債が増加することによって，企業の財務リスクは高まりますから，有利子負債コストが上昇することも予想されます。有利子負債コストがどの程度上昇するのかを推計しながら，最適な資本構成を模索していくのが財務部門の役割であり，その結果をもとに投資案件を選別していくのが投資部門の役割といえます。

　図表Ⅱ-9-4の事例では，自己株式の取得を行うことで，加重平均資本コストが3.2％まで低下し，その結果，投資利回りが4％や5％の案件も選択肢に入ってきます。

　株主資本コストが高いことが原因で加重平均資本コストが高止まりしている場合には，それに見合う投資案件の選択肢が過度に狭まってしまいます。自己株式の取得を実施することで，加重平均資本コストを適切な水準に引き下げ，

投資意思決定の柔軟性を高めることができます。

4 ▎自己株式の取得の会計処理

自己株式を取得した場合の会計処理の概要は，以下のようになります。

- ■ 取得した自己株式は，取得原価をもって純資産の部の株主資本から控除する。
  - ➡資産計上しない

- ■ 期末に保有する自己株式は，純資産の部の株主資本の末尾に自己株式として一括して控除する形式で表示する。
  - ➡株主資本の各構成要素に配分しない

- ■ 自己株式の取得・処分・消却に関する付随費用は，損益計算書の営業外費用に計上する。
  - ➡取得原価・処分差額に含めない

詳細については，第Ⅰ部❻をご参照ください。

設 例

【前提条件】

- A社は，市場で自己株式を取得し，対価として100を支払った。
- 取得に係る手数料として，証券会社に手数料5を支払った。

【仕訳】

自己株式	100	現金預金	105
支払手数料（営業外費用）	5		

5 ▮ 自己株式の取得の税務処理

自己株式を取得した場合の税務処理の概要は，以下のようになります。

> ■ 自己株式を取得した場合，税務上は自己株式の取得対価を資本の払戻
> 額と利益の払戻額に区分した上で，資本金等の額及び利益積立金額を
> 減少させる。
>
> ■ 資本金等の額から取得資本金額を減少させ，株主に交付した金銭等の
> 額が取得資本金額を超える部分について，利益積立金額を減少させる。
>
> ⇨ 会計と税務とで取扱いが異なるため，この相違について申告調整が
> 必要となる

詳しくは，第Ⅰ部 ❿ をご参照ください。

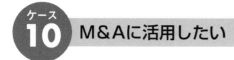

M&Aに活用したい

1 ┃ 目　　的

M&Aの対価として自己株式を活用する

2 ┃ 背　　景

　新規事業を立ち上げて成長させていくには多くの時間や労力を要しますし，うまく立ち上がらずに失敗に終わることもあります。一方で，すでに出来上がっている事業を丸ごと買い取ってくれば，その時間を節約することができます。このため，M&Aのメリットは「時間を買う」ことにあるといわれます。スタートアップ企業のみならず，日本を代表するような大企業も含め，成長を志向する企業ではM&Aが頻繁に活用され，その件数も増加傾向にあります。例えば，ソフトバンクグループ，日本電産，日本たばこ産業，三菱UFJフィナンシャル・グループ，第一生命ホールディングスなどは，M&Aを有効に活用して成長を続けている代表格といえるでしょう。

　M&Aの実行にあたっては対価を支払う必要がありますが，その手段としては，現金で支払う場合と，株式で支払う場合に大別できます。

　M&Aを実行できるほどの手許現金を有している企業は珍しく，現金で支払う場合であっても，通常は銀行からの借入，社債の発行，新株発行などの資金調達を伴います。株式で支払う場合には，新株を発行してその株式を渡すことも考えられますが，自己株式を対価として渡すことも可能です。

　すでに，多額の自己株式を保有している企業であれば，保有する自己株式をM&Aに活用するという選択肢をとることができます。

3 ┃ M&A に自己株式を活用する効果

　M&Aには様々な手法がありますが，ここでは吸収合併をとりあげます。吸収合併については，会社法749条で規定されていますが，合併企業が被合併企業の株主に支払う対価の種類として，社債・新株予約権・新株予約権付社債などと並んで「株式」が挙げられています。この「株式」は，新たに発行される株式に限定されていませんので，従来から保有している自己株式を対価として交付することができます。

　財務規律に抵触しそうな場合や，外部格付への悪影響が懸念される場合，すでに支払利息の負担が大きい状態にある場合には，銀行からの借入や社債の発行などによって負債を増加させることは適切ではありません。そこで，吸収合併の対価として自己株式を活用すれば，負債を増加させることなく組織再編が可能です。

4 ┃ 合併の対価として自己株式を交付する場合の会計処理

　すでに保有している自己株式は，取得原価で評価されています。かつて自己株式を取得した時点と，吸収合併の対価として自己株式を交付する時点とでは，自己株式の価値も変動していますから，交付時には処分差額が発生します。この処分差額をどのように会計処理するかは，企業結合の形態によって異なります。

　合併は株式分割や株式交換と並ぶ企業結合の１つの手法ですが，会計の世界では企業結合を３つに分類して処理方法を定めています。その３つとは，「取得・逆取得」と「共同支配企業の形成」と「共通支配下の取引」です。同じ吸収合併であっても，状況によっては「取得」に該当する場合，「共同支配企業の形成」に該当する場合，「共通支配下の取引」に該当する場合があり，それぞれで会計処理が異なります。

(1)　取得に該当する場合

　「取得」とは，他の企業や事業に対する支配を獲得することをいいます。企業や事業の活動による成果・便益を享受するために財務・経営方針を左右する能力を持つようになる企業結合は，その企業や事業を支配しているものとして，「取得」に該当します。

　吸収合併が「取得」であると判定された場合には，処分対価の額と交付する自己株式の帳簿価額との差額を払込資本の増加として取り扱います。この時，払込資本の増加額をどの資本項目に割り振るか，すなわち，資本金とするか資本準備金とするかその他資本剰余金とするかは，合併契約の内容に沿って処理します〈企業結合適用指針80項，会社計算規則35条2参照〉。

▶企業結合適用指針（企業会計基準適用指針第10号）80項

> 企業結合の対価として，取得企業が自己株式を処分した場合（新株の発行を併用した場合を含む。以下同じ。）には，増加すべき株主資本の額（自己株式の処分の対価の額。新株の発行と自己株式の処分を同時に行った場合には，新株の発行と自己株式の処分の対価の額。）から処分した自己株式の帳簿価額を控除した額を払込資本の増加（当該差額がマイナスとなる場合にはその他資本剰余金の減少）として会計処理する（第388項参照）。
>
> なお，増加すべき払込資本の内訳項目（資本金，資本準備金又はその他資本剰余金）は，会社法の規定に基づき決定する。また，増加すべき株主資本の額は，第38項の取得の対価の算定に準じて算定する。

設 例	取得と判定された吸収合併の会計処理

【前提条件】
- 取得企業：A社，被取得企業：B社
- 存続会社：A社，消滅会社：B社
- A社株式の時価：1株当たり10

- 合併対価：A社株式100株
- 交付するA社株式の内訳は，新株発行70株，自己株式30株
- 合併により増加する資本金（合併契約書に記載）：400
- 合併により増加する資本準備金（合併契約書に記載）：400

合併前
貸借対照表（A社）

	諸負債 1,000
諸資産 3,000	資本金 1,000
	利益剰余金 1,200
	自己株式 ▲200

合併前
貸借対照表（B社）

	諸負債 200 （時価：200）
諸資産 1,000 （時価：1,100）	資本金 500
	利益剰余金 300

【解説】

仕訳

諸資産	1,100 ※1	諸負債	200 ※1
のれん	100 ※4	自己株式	200 ※2
		資本金	400 ※3
		資本準備金	400 ※3

※1　時価
※2　簿価
※3　払込資本の増加額800＝交付する財の時価1,000（時価10×100株）－交付する自己株式の帳簿価額200
　　　払込資本の増加額800のうち，内訳は合併契約書にもとづいて，資本金400，資本準備金400とする
※4　超過収益力100＝交付する財の時価1,000（時価10×100株）－（受け入れた資産の時価1,100－受け入れた負債の時価200）

合併後

貸借対照表（A社）

諸資産 4,100	諸負債 1,200
	資本金 1,400
	資本剰余金 400
のれん 100	利益剰余金 1,200

⑵　逆取得に該当する場合

　「逆取得」とは，株式を交付した企業が取得企業にならない場合をいいます。吸収合併の場合，消滅会社が取得企業となり，株式を交付した存続会社が被取得企業となるケースが逆取得に該当します。

　存続会社の従来の大株主が企業結合後も引き続き存続会社の支配権を維持することが一般的であるため，これを通常の「取得」であるとすれば，今回のケースは，存続会社の従来の大株主が支配権を失い，消滅会社の株主が存続会社を支配するようになるという，通常とは逆のパターンであることから，「逆取得」と呼びます。

　例えば，A社とB社が合併し，A社を存続会社，B社を消滅会社とする吸収合併においては，存続会社であるA社の株式をB社株主に交付することになりますが，その結果，従来のA社株主よりもB社株主の方が多くの議決権を保有することになる場合が逆取得になります。このとき，存続会社であるA社の支配

【図表Ⅱ-10-1】

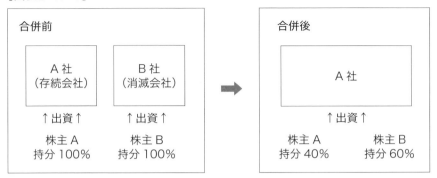

権は，組織再編後は消滅会社であるＢ社の株主が握るようになり，Ａ社の従来の大株主は支配権を喪失することになります。

数値例で図示すると**図表Ⅱ-10-1**のような場合が逆取得に該当します。

吸収合併が「逆取得」であると判定された場合には，原則として，被取得企業である存続会社は，取得企業である消滅会社の合併日の前日の適正な帳簿価額による株主資本の額と交付する自己株式の帳簿価額との差額を払込資本の増加として取り扱います。

また，吸収合併の対価が存続会社の株式のみの場合には，消滅会社の合併日の前日の株主資本の構成をそのまま引き継ぎ，処分した自己株式の帳簿価額をその他資本剰余金から控除する処理も認められています〈企業結合適用指針84項(2)，408項(3)①，会社計算規則35条，36条参照〉。

▶企業結合適用指針（企業会計基準適用指針第10号）84項(2)

① 株主資本項目の取扱いにおける原則的な会計処理

吸収合併存続会社（被取得企業）は，吸収合併消滅会社（取得企業）の合併期日の前日の適正な帳簿価額による株主資本の額から処分した自己株式の帳簿価額を控除した差額を払込資本の増加（当該差額がマイナスとなる場合にはその他資本剰余金の減少）として会計処理する。なお，抱合せ株式等がある場合には，第84-3項による。

② 株主資本項目の取扱いにおける認められる会計処理

　合併の対価として吸収合併存続会社（被取得企業）の自己株式を処分した場合には，吸収合併消滅会社の合併期日の前日の株主資本の構成をそのまま引き継ぎ，処分した自己株式の帳簿価額をその他資本剰余金から控除する（第410項参照）。なお，抱合せ株式等がある場合には，第84-3項による。

　なお，株主資本以外の項目については，(1)②に準じて会計処理する。

(3) 共同支配企業の形成に該当する場合

　「共同支配企業」とは，複数の独立した企業により共同で支配されている企業をいいます。そして，「共同支配企業の形成」とは，複数の独立した企業が契約等に基づき，共同支配企業を形成する企業結合をいいます。例えば，A社の子会社であるa社と，B社の子会社であるb社を合併してab社を作り，そのab社をA社とB社が共同で支配する場合が該当します。合弁会社やジョイントベンチャーをイメージするとわかりやすいかもしれません。通常，合併契約書の中で，共同支配の取り決めをしておくことになります。

【図表Ⅱ-10-2】　共同支配企業の形成

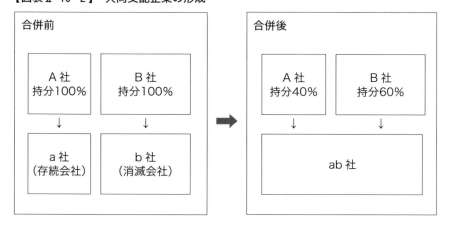

　なお，企業結合が「共同支配企業の形成」であると判定するためには，以下
の4要件を満たす必要があります。

▶企業結合会計基準（企業会計基準第21号）37項

> ① 共同支配投資企業となる企業が，複数の独立した企業から構成されて
> 　いること
> ② 共同支配企業となる契約等を締結していること
> ③ 企業結合に際して支払われた対価のすべてが，原則として議決権のあ
> 　る株式であること
> ④ 支配関係を示す一定の事実が存在しないこと

　吸収合併が「共同支配企業の形成」であると判定された場合の会計処理は，
逆取得の場合と同様です。原則として，被取得企業である存続会社は，消滅会
社の合併日の前日の適正な帳簿価額による株主資本の額と交付する自己株式の
帳簿価額との差額を払込資本の増加として取り扱います。
　また，吸収合併の対価が存続会社の株式のみの場合には，消滅会社の合併日
の前日の株主資本の構成をそのまま引き継ぎ，処分した自己株式の帳簿価額を
その他資本剰余金から控除する処理も認められています〈企業結合適用指針86
項，408項(3)①，会社計算規則35条，36条参照〉。

(4)　共通支配下の取引に該当する場合

　「共通支配下の取引」とは，結合当事企業のすべてが，企業結合の前後で同
一の株主により最終的に支配されており，かつ，その支配が一時的ではない場
合をいいます。代表例としては，親会社と子会社が合併する場合や，子会社同
士が合併する場合です。図表Ⅱ-10-3は，親会社と子会社が合併する場合を
図示したものですが，親会社B社・子会社C社ともに，合併前も合併後も最終
的に株主Aに支配されていることに変わりないため，共通支配下の取引に該当
します。

　吸収合併が「共通支配下の取引」であると判定された場合，自己株式の処分

【図表Ⅱ-10-3】 共通支配下の取引（親会社と子会社が合併する場合）

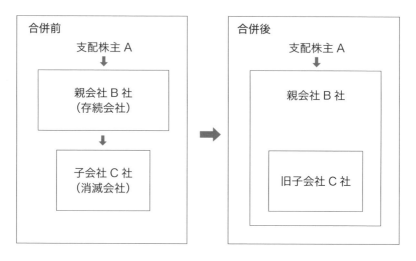

対価の算定方法には2つの方法があります。時価を基礎として算定する方法と，適正な帳簿価額を基礎として算定する方法です。

　自己株式を非支配株主に交付する場合には時価を基礎として処分対価を算定しますから，取得の場合と同様，処分対価の額と交付する自己株式の帳簿価額との差額を払込資本の増加として取り扱います。

　一方，完全子会社を吸収合併する場合には適正な帳簿価額を基礎として処分対価を算定します。原則として，消滅会社の合併日の前日の適正な帳簿価額による株主資本の額と交付する自己株式の帳簿価額との差額を払込資本の増加として取り扱います。

　また，消滅会社の合併日の前日の株主資本の構成をそのまま引き継ぎ，処分した自己株式の帳簿価額をその他資本剰余金から控除する処理も認められています〈企業結合適用指針203項(1)，408項(3)①，会社計算規則35条，36条参照〉。

5 ┃ 合併の対価として自己株式を交付する場合の税務処理

　合併時に法人税が課されるかどうかにより，合併は適格合併と非適格合併に分類することができます。被合併会社の資産・負債が合併時に時価で評価され

ると課税が発生し，簿価で引き継がれる場合には課税が発生しません。

　従業者を引き継ぐかどうかなどの様々な適格要件が法人税法に定められており，合併取引がその適格要件を満たす場合には，資産・負債を税務上の帳簿価額のまま引き継ぐことができるため，法人税が課されることはありません。つまり，資産及び負債の移転にかかる譲渡損益が繰り延べられることになります。

　一方で，適格要件を満たしていない場合には，税務上，資産等を時価で移転したものとして譲渡損益を認識することになり，消滅会社における含み損益は精算され，課税されます。

　原則的な課税関係は以下のようになっています。

	適格合併	非適格合併
被合併法人	資産・負債は簿価で引き継ぐ ⇒課税なし	資産・負債は時価で譲渡される ⇒課税あり
合併法人	資産・負債を簿価で計上する	資産・負債を時価で計上する

⑴　適格合併の対価として自己株式を交付した場合

①　資産・負債

　適格合併により被合併法人から資産・負債を受け入れた場合，その資産・負債は，被合併法人の合併日の前日の属する事業年度終了時の帳簿価額を引き継ぐことになります〈法人税法施行令123条の33項参照〉。

②　資本金等の額

　被合併法人の合併日の前日の属する事業年度終了時の資本金等の額から抱合株式の合併直前の帳簿価額を減算した金額となります〈法人税法施行令8条1項五参照〉。

③　利益積立金の増加額

　被合併法人から受け入れた資産・負債の簿価純資産価額から，資本金等の額の増加額と抱合株式の合併直前の帳簿価額の合計額を減算した金額となります

〈法人税法施行令 9 条二参照〉。

⑵　非適格合併の対価として自己株式を交付した場合

①　資産・負債

　非適格合併により被合併法人から資産・負債を受け入れた場合，その資産・負債は，合併時の時価によって譲渡したものとされるため，合併時の時価が取得価額となります〈法人税法62条参照〉。

②　資本金等の額

　以下の加算項目と減算項目の差額が，増加する資本金等の額になります〈法人税法施行令 8 条 1 項五参照〉。

＋	被合併法人の株主等に交付した合併法人株式・金銭・その他の資産（時価）
＋	抱合株式に対して交付されたものとみなされる資産（時価）
－	被合併法人の株主等に交付した金銭・その他の資産（時価）
－	抱合株式（帳簿価額）
－	抱合株式に係るみなし配当

　貸借で示すと**図表Ⅱ-10-4**のようになります。

【図表Ⅱ-10-4】　非適格合併により増加する資本金等の額の算定

資産 （時価）	負債 （時価）
	交付金銭等 （時価）
	抱合株式 （簿価）
	抱合株式に係るみなし配当
資産調整勘定	増加する資本金等の額

③　利益積立金の増加額

　被合併法人の利益積立金額を引き継がないため，増加しません。

親子上場を解消したい

1 ┃ 目　　的

> 親子上場を解消する

2 ┃ 背　　景

　親子上場とは，親会社と子会社の双方が株式市場に上場している状態をいいます。この親子上場は，世界から見れば特異な状態で，アメリカ・カナダなどの北米先進国，ドイツやフランスなどの欧州先進国ではほとんどみられないものです。日本の上場企業に幅広く投資している，または投資を検討している海外投資家との会話でも，この親子上場の話題は頻繁に登場します。それだけ，海外投資家の関心が高いトピックであることがうかがえます。

　1990年代までは，上場によって子会社株式を一部売却することで親会社が資金を調達できること，上場によって子会社の知名度が上がり，優秀な人材の獲得や業績への好影響が期待できることなどのメリットから，日本では数多くの親子上場がみられました。

　例えば，親子上場の数がピークであった2006年においては417社の上場子会社が存在しており，日立製作所だけでも22社の上場子会社がありました。

　しかし，2000年代後半からは，企業グループの競争力強化や，時価総額の低い親会社が敵対的買収のリスクにさらされることを回避する目的，さらには，これまで広がりすぎた企業グループの事業範囲を見直す選択と集中の一環として，親子上場の解消が目立つようになりました。リーマン・ショックによる経済環境の悪化が，企業グループのあり方を見直すきっかけになったという面もあるでしょう。

　その後，2015年にコーポレートガバナンス・コードが金融庁と東証の共同で制定され，2019年には経済産業省よりグループ・ガバナンス・システムに関する実務指針が公表されました。そして，2021年にはコーポレートガバナンス・コードが改訂され，2022年には東証の市場再編が行われるという制度面での改革が立て続けに行われ，上場子会社のガバナンスに社会的な関心が寄せられるようになりました。その影響もあり，親子上場の解消はさらに進んでおり，2022年12月末時点では200社余りまで減少しています。2006年の417社から，約15年で半減したことになります。前述の日立製作所では，2022年に日立建機株式会社が子会社から外れて持分法適用会社となり，さらに2023年に日立金属株式会社がグループから離れたことで，上場子会社はゼロとなっています。

【図表Ⅱ-11-1】　親子上場の解消事例

年度	上場親会社	上場子会社	親子上場の解消手法
2005 年	ニッポン放送	フジテレビジョン	ニッポン放送が自社株式のTOBにより上場廃止後，株式交換によりフジテレビジョンの完全子会社化
2008 年	雪印乳業	雪印種苗	TOBを通じた完全子会社化
2009 年	クレディセゾン	アトリウム	株式交換を通じた完全子会社化
2011 年	コナミ	ハドソン	株式交換を通じた完全子会社化
2013 年	日立製作所	日立電線	日立製作所の子会社である日立金属により吸収合併
2013 年	東急不動産	東急リバブル 東急コミュニティー	株式移転により東急不動産ホールディングスを設立して完全子会社化
2015 年	野村不動産ホールディングス	メガロス	TOBを通じた完全子会社化
2016 年	京セラ	日本インター	京セラに吸収合併
2016 年	味の素	ギャバン	ハウス食品によるTOBを通じた完全子会社化

2016 年	日立製作所	日立キャピタル	三菱 UFJ フィナンシャル・グループなどへの株式譲渡により持分法適用会社化
2018 年	ユニー	UCS	株式交換を通じた完全子会社化
2020 年	伊藤忠商事	ファミリーマート	TOB を通じた完全子会社化
2020 年	ソニー	ソニーフィナンシャルホールディングス	TOB を通じた完全子会社化
2021 年	神戸製鋼所	神鋼環境ソリューション	株式交換を通じた完全子会社化
2021 年	セコム	セコム上信越	TOB を通じた完全子会社化
2022 年	商船三井	宇徳 ダイビル	TOB を通じた完全子会社化
2022 年	凸版印刷	トッパン・フォームズ	TOB を通じた完全子会社化
2023 年	JFE ホールディングス	JFE コンテイナーグス	JFE ホールディングスの完全子会社である JFE スチールによる株式交換を通じた完全子会社化
2023 年	日本電産	ニデックオーケーケー	株式交換を通じた完全子会社化

　様々な制度面での改革が行われた中でも，親子上場の解消には，特にコーポレートガバナンス・コードの制定・改訂が大きく影響しているように思われます。具体的には，親子上場の状態にある場合，親会社側で，グループ経営に関する考え方・方針を踏まえて，上場子会社を有する意義と上場子会社のガバナンス体制に実効性を確保するための方策をコーポレートガバナンスに関する報告書で開示する必要性が規定されました。また，一方の子会社側においては，2021年の改訂により，支配株主からの独立性を有する独立社外取締役を取締役会の3分の1以上，プライム市場上場会社においては過半数とするか，または

支配株主と少数株主との利益が相反する重要な取引・行為について審議・検討を行うため特別委員会（独立社外取締役を含む独立性を有する者で構成する）を設置すべきとされました。

　このように，近年は，親子上場を継続することにはかなりの逆風が吹いているのが現状です。

　親子上場が批判されやすい背景としては，親会社が子会社に対してガバナンスをきかせることが難しい点や，完全子会社の場合と比べて，グループとしての連携によるシナジー効果が大幅に低下してしまう点があります。そして，最も大きな問題は，親子会社間や親会社と子会社の少数株主との間で利益相反が生じてしまうところにあります。

　例えば，親会社と子会社が取引をする場合，親会社としてはできる限り親会社にとって有利な条件での取引を望みます。グループ企業であれば，子会社における余剰資金を親会社が吸い上げて集約し，グループ全体で資金融通するというキャッシュマネジメントは一般的に行われていますが，親会社及び企業グループ全体にとっては低金利での調達が望ましいわけです。そして，親子会社間の力関係からすれば，親会社側が決定権を持っていることが多く，また，親子会社間の取引が相殺消去されてしまう連結財務諸表では，親子会社間の取引条件は見落とされやすい論点でもあります。しかし，逆に子会社の立場，特に子会社の少数株主の立場からすれば，加重平均資本コストに見合う利息を受け取れない限り，余剰資金を長期的に親会社に回すことに経済合理性がなく，子会社側での事業や投資に回したほうが理に適っています。すなわち，子会社にとっての部分最適と，親会社・企業グループにとっての全体最適とは必ずしも一致するわけではありません。このように，子会社が上場しているという状態では，どうしても子会社の少数株主の利益が軽視されてしまうという利益相反の問題がついて回ります。

3 ┃ 親子上場の解消に自己株式を活用する効果

　親子上場を解消するための方向性としては大きく分けて2つあります。1つは子会社株式の追加取得により完全子会社化してしまうというもので，もう1

つは子会社株式の売却により子会社から外してしまうというものです。他にも，子会社同士が合併・統合するパターンもありますが，稀なケースといえるでしょう。

　コーポレートガバナンス・コードが制定された2015年以降では，コンスタントに年間10社以上の上場子会社が完全子会社化されています。完全子会社化には，前述の利益相反という問題が解消されて，グループ全体の利益最適化を追い求めやすくなるという効果もありますが，この他にも，会計監査人に支払う監査報酬等の上場維持コストやIRコストが削減できるというコスト面での効果，意思決定が迅速化できるといった経営面での効果があります。

　完全子会社化の過程では，通常，TOB（株式公開買付け）や株式交換が実施されますが，株式交換の場合には保有している自己株式を活用することができます。

　株式交換とは，完全子会社となる会社の発行済株式のすべてを完全親会社となる会社に取得させる手法で，通常は，完全親会社となる会社の株式を完全子会社となる会社の株主に交付します。図表Ⅱ-11-2では，完全子会社となるB社の株主に対して完全親会社となるA社株式を交付することで，B社をA社の

【図表Ⅱ-11-2】　株式交換

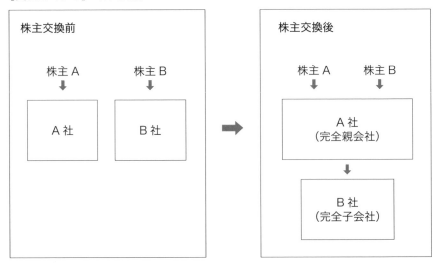

完全子会社とする組織再編を表しています。この時，A社が自己株式を保有していれば，その自己株式をB社株主に交付することができます。

　なお，会社法では，子会社が親会社株式を取得することは禁じられていますが（会社法135条１項），例外的に株式交換により取得することは認められています＜会社法135条２項５号，会社法施行規則23条２号参照＞。ただし，この場合にも，相当の時期に処分しなければならないとされています＜会社法135条３項参照＞。例えば，完全子会社となるB社が株式交換の時点で自己株式（B社株式）を保有していた場合，その自己株式（B社株式）にもA社株式が交付されるため，完全子会社となるB社が完全親会社であるA社の株式を保有することになってしまいます。また，もともと保有していなかった場合でも，株式交換に反対する株主が株式買取請求権を行使した場合には，B社は自己株式として取得せざるを得ないケースが想定されます。このため，株式交換の直前に完全子会社となるB社側で，自己株式の消却を行う事例が多くみられます。こうすれば，B社が親会社であるA社株式を持つことになるという事態を回避することができます。

4 ▎株式交換の対価として自己株式を交付する場合の会計処理

⑴　完全親会社となる会社側（A社）

　親会社が追加取得する子会社株式の取得原価は，交付したA社株式の時価に付随費用を加算して算定します（企業結合に関する会計基準〈企業会計基準第21号〉23項・24項，企業結合会計基準及び事業分離等会計基準に関する適用指針〈企業会計基準適用指針第10号〉236項参照）。

　また，増加すべき株主資本の額（自己株式処分の対価の額）から処分した自己株式の帳簿価額を控除した額を払込資本の増加として処理することになります。なお，増加すべき払込資本の内訳，すなわち，資本金とするか資本準備金とするかその他資本剰余金とするかは，会社法の規定に基づいて決定しますが，処分差額がマイナスの場合には，その他資本剰余金の減少として処理します（企業結合会計基準及び事業分離等会計基準に関する適用指針〈企業会計基準適用指針第10号〉112項参照）。

(2)　完全子会社となる会社側（B社）

会計処理は不要です。

設 例

【前提条件】

● A社がB社を株式交換により100％子会社化した。

● B社の発行済株式総数は100株で，A社は60株を保有していた。

● B社は自己株式を保有していなかった。

● 株式交換にあたり，A社は残りのB社株主に対してA社株式20株（帳簿価額@90）を自己株式により交付した。

● 株式交換時におけるA社の株価は100であった。

● 増加すべき払込資本は，全額その他資本剰余金とした。

【解説】

(1)　完全親会社となる会社側（A社）

仕訳

| B 社株式 | 2,000 ※1 | 自己株式 | 1,800 ※2 |
| | | その他資本剰余金 | 200 ※3 |

※1　2,000＝交付したA社株式の時価@100×20株

※2　1,800＝交付したA社株式の帳簿価額@90×20株

※3　差額

(2)　完全子会社となる会社側（B社）

仕訳なし

5 ┃ 税務処理

　企業グループ内の適格株式交換に該当することを前提にすると，完全親会社となるA社の取得するB社株式の取得価額は，B社の株式交換直前の簿価純資産価額に付随費用を加算した金額となります。ただし，完全子会社となるB社の株主が50人未満の場合には，B社の株主の株式交換直前の帳簿価額の合計額に付随費用を加算した金額となります（法人税法施行令119条1項9号参照）。

役員に株主価値向上へのモチベーションを与えたい

1 目　的

> 役員の経営参画意識を向上させるために，株主価値向上へのモチベーションを与える

2 背　景

　日本企業の役員報酬は，アメリカや欧州諸国に比べると低いといわれます。しかし，主要企業の収益力という点で見ると，日本は欧米諸国と比べて低いのも事実です。例えば，2021年における日米欧の主要上場企業のROEを比較すると，日本は10％弱であるのに対して，欧州は15％弱，米国は20％強となっています。企業の稼ぐ力が違うのだから，その経営陣の報酬も違っていて当然だという見方もできるでしょう。

　一方で，報酬の中身を見ると，日本企業の役員報酬は，海外と比べて固定給である基本報酬の割合が高く，業績が反映されるインセンティブ報酬の割合が低いという傾向があります。株式会社日本総合研究所の調査によると，日本の上場企業における社内取締役の報酬構成比率は，基本報酬70.2％，賞与17.9％，株式報酬10.1％，退職慰労金1.5％，その他0.3％となっており，約70％が固定給となっています。インセンティブ報酬には，現金報酬と株式報酬がありますが，日本企業は海外企業と比べて株式報酬の割合が特に低いといわれています。

　この背景には，法制面での違いがあります。日本では，従来，会社法において，無償での株式発行や，労務を提供することによる出資が認められていませんでした。すなわち，企業としては，役員から役務提供を受けたので，その報酬として株式を交付するということができなかったわけです。しかし，2016年

に経済産業省が「コーポレート・ガバナンス・システムの在り方に関する研究会報告書」を，続いて2017年に『「攻めの経営」を促す役員報酬－企業の持続的成長のためのインセンティブプラン導入の手引－』を公表し，現物出資によって株式を交付する方法が整理されると，当時の会社法の枠組みの中で，役員報酬として自社株式を直接付与するスキームが実質的に導入可能となり，株式報酬を導入する事例が相次ぎました。この方法は，会社が役員に金銭報酬債権を付与した上で，役員がその報酬債権を現物出資するというもので，労務出資ではないという整理です。その後，2019年に会社法が改正され，取締役の報酬として株式を無償で交付することが可能となりました（会社法202条の２）。

　企業が，その企業価値を中長期的に向上させていくためには，経営陣に対してそのインセンティブを与えることが必要で，金銭ではなく自社株式による報酬が効果的です。業績に連動する報酬体系にすればさらに効果は高まるでしょう。そして，報酬として交付する株式は，新たに発行する株式だけでなく，保有する自己株式を活用することもできます。

　役員が経営に参画する意識を高め，能動的な働き方に変わっていけば，企業は成長し，企業価値も向上する，それがさらに経営陣の意識を高め，好循環を生んでいく。株式報酬制度の導入が急速に進んでいる背景には，このような経営者の狙いがあると思われます。

3 ▎取締役の報酬として株式を無償交付する効果

　取締役の報酬として株式を無償交付する取引は事前交付型と事後交付型に分けられます。株式は，取締役への報酬として交付されるわけですから，通常は契約で報酬の対象となる勤務期間が定められます。この勤務期間がスタートしてすぐに株式が交付されるのが事前交付型です。一方の事後交付型は，報酬の対象となる勤務期間が始まってもすぐには株式が交付されず，勤務条件や業績・株価などの業績条件を満たした場合に交付される方式です。ここまでの説明だと，報酬を受け取る側の取締役にとっては，先に株式が付与される事前交付型の方が圧倒的に有利に思えますが，事前交付型であっても，付与された株式には譲渡制限が付されており，勤務条件や業績条件を満たさないと譲渡制限

は解除されません。また，最終的に条件が達成されなかった場合には，企業が株式を没収することになっています。事前交付型の場合，譲渡制限が付されている状態であっても，配当を受領する権利や議決権を行使する権利を有するというメリットはありますが，条件を達成しない限り大きな成果を得られないという点は変わりません。

　取締役の報酬として事前交付型で株式を無償交付する場合の典型例は，以下のような流れになります。

---

① 取締役の報酬として交付する募集株式の数の上限等を株主総会で決議する
② 募集株式の交付を取締役会で決議する
③ 株式報酬・募集株式の引受に関する契約を取締役と締結する
④ 契約に基づき，譲渡制限を付した株式を交付する
⑤ 条件を達成した場合には，譲渡制限を解除する
⑥ 譲渡制限が解除されなかった場合には，企業が株式を無償取得する

　一方，事後交付型で株式を無償交付する場合の典型例は，以下のような流れになります。

---

① 取締役の報酬として交付する募集株式の数の上限等を株主総会で決議する
② 取締役との間で，株式報酬に関する契約を締結する
③ 条件を達成した場合には，募集株式の交付を取締役会で決議する
④ 募集株式の引受に関する契約を取締役と締結する
⑤ 契約に基づき，株式を交付する

　この報酬制度には，取締役に対して企業価値向上のインセンティブを与えられるという効果に加え，事前交付型の場合には条件を達成するまで，事後交付型の場合には条件達成により株式が付与されるまで，優秀な人材を会社に繋ぎとめておくことのできるリテンション効果があります。

4 ▎会計処理

　2021年に企業会計基準委員会から「取締役の報酬等として株式を無償交付する取引に関する取扱い（実務対応報告第41号）」が公表されており，2019年の会社法改正により認められた株式の無償交付（会社法202条の２）に関する会計処理が明確化されました。この実務対応報告は，前述の，金銭報酬債権を現物出資する形式の株式報酬には適用・準用することができない点には留意が必要です。

　新株の発行ではなく，自己株式の交付を前提にすると，会計処理は以下のようになります。

(1)　事前交付型

　株式報酬の対象となる勤務期間の開始後すぐに自己株式を交付しますが，このとき，処分した自己株式の帳簿価額を減額し，その他資本剰余金を同額だけ減額します。この結果，期末においてその他の資本剰余金がマイナスとなってしまった場合には，その他資本剰余金をゼロとし，その他利益剰余金から減額します。

　その後，報酬の対象となる勤務期間にわたって，企業は取締役から役務提供を受けるため，各期に発生した額を費用計上します。このときの費用計上額は，株式の公正な評価単価に株式数を乗じたものをベースとし，期間按分等の合理的な方法によって計算します。そして，費用計上した金額と同額だけ，その他資本剰余金を増加させます。

　勤務条件や業績条件を満たすことができず，没収になってしまった場合には，その部分だけ，最初に付与した自己株式の帳簿価額を戻し入れ，同額だけその他資本剰余金を増額します。

(2)　事後交付型

　事後交付型の場合も，報酬の対象となる勤務期間にわたって，企業は取締役から役務提供を受けるため，各期に発生した額を費用計上する点は事前交付型

の場合と同様ですが，費用に対応する金額をその他資本剰余金ではなく，株式引受権として貸借対照表に計上します。この株式引受権は，新株予約権と同様に純資産の部の株主資本以外の項目として取り扱います。

　勤務条件や業績条件を満たし，自己株式が交付される場合には，取得原価ベースで貸借対照表に計上されている自己株式をその分だけ減額し，これまでに計上した株式引受権を取り崩します。減額した自己株式の帳簿価額と取り崩した株式引受権との差額は，自己株式処分差額として，その他資本剰余金に計上します。

　事前交付型と事後交付型の会計処理をまとめると，次の**図表Ⅱ-12-1**のようになります。

【図表Ⅱ-12-1】

	事前交付型	事後交付型
概要	対象勤務期間の開始直後に譲渡制限付株式を交付し，権利確定条件が達成された場合には譲渡制限が解除されるが，権利確定条件が達成されない場合には企業が無償で株式を取得する。	権利確定条件が達成された場合に株式の発行や自己株式の交付が行われる。
対象勤務期間開始直後	譲渡制限株式として自己株式を交付した場合，処分した自己株式の帳簿価額を減額する。同額だけその他資本剰余金を減額する。	株式は交付されないため，処理なし。
対象勤務期間	役務提供に応じて費用計上する。同額をその他資本剰余金として計上する。	役務提供に応じて費用計上する。同額を株式引受権として計上する。
条件達成時	処理なし	自己株式を交付した場合には，処分した自己株式の帳簿価額を減額する。これまでに計上した株式引受権を取り崩す。

		差額は自己株式処分差額として てその他資本剰余金に計上す る。
没収	自己株式を増加させる。同額 のその他資本剰余金を計上す る。	条件を達成した場合にのみ株 式が交付されるため，該当な し。

5 ▎税務処理

(1)　損金算入時期

　会計上は，役員の役務提供期間に対応して報酬費用を計上しますが，税務上は，事前確定届出給与に該当させることにより，「給与等課税額が生ずることが確定した日」の属する事業年度に一括で損金算入することになります。

(2)　損金算入額

　損金算入額は，譲渡制限付株式の交付された時の価額であり，時価となります。

6 ▎設　　例

(1)　事前交付型の場合

【前提条件】
- A社の決算日：3月31日
- 株式の割当日：X1年4月1日（当日の公正な評価単価：@100）
- 権利確定日：X3年3月31日
- 交付する株式数：1,000株（割当日の時点では200株が没収となると見込んでいる）
- X2年3月31日時点において，没収となる株式数の見積もりに変更はなかった

- X 2 年 3 月31日時点において，その他資本剰余金はプラスであった
- 交付した自己株式の帳簿価額は@120であった。
- 権利確定日において，300株が没収となり，A社は無償で取得した。

【解説】

〈X 1 年 4 月 1 日〉

仕訳（株式の割当）

| その他資本剰余金 | 120,000 ※1 | 自己株式 | 120,000 ※1 |

※1　120,000＝@120×1,000株

〈X 2 年 3 月31日〉

仕訳（費用計上）

| 株式報酬費用 | 40,000 ※2 | その他資本剰余金 | 40,000 ※2 |

※2　54,000＝@100×（1,000株-200株）×12か月÷24か月

〈X 3 年 3 月31日〉

仕訳（費用計上）

| 株式報酬費用 | 30,000 ※3 | その他資本剰余金 | 30,000 ※3 |

※3　30,000＝@100×（1,000株-300株）－40,000

仕訳（没収分の戻入）

| 自己株式 | 36,000 ※4 | その他資本剰余金 | 36,000 ※4 |

※4　36,000＝@120×300株

(2)　事後交付型の場合

【前提条件】

- A社の決算日：3 月31日
- 株式の割当日：X 1 年 4 月 1 日（当日の公正な評価単価：@100）
- 権利確定日：X 3 年 3 月31日
- 交付する株式数：1,000株（割当日の時点では200株が没収となると見込んでいる）
- X 2 年 3 月31日時点において，没収となる株式数の見積もりに変更はなかっ

た。

- X 2 年 3 月31日時点において，その他資本剰余金はプラスであった。
- 交付した自己株式の帳簿価額は@120であった。
- 権利確定日において，300株が没収となり，A社は無償で取得した。

【解説】

〈X 1 年 4 月 1 日〉

仕訳

仕訳なし

〈X 2 年 3 月31日〉

仕訳（費用計上）

株式報酬費用	40,000 ※1	株式引受権	40,000 ※1

※1　40,000＝@100×（1,000株-200株）×12か月÷24か月

〈X 3 年 3 月31日〉

仕訳（費用計上）

株式報酬費用	30,000 ※2	株式引受権	30,000 ※2

※2　30,000＝@100×（1,000株-300株）-40,000

仕訳（株式の割当）

株式引受権 その他資本剰余金	70,000 ※3 14,000 ※5	自己株式	84,000 ※4

※3　70,000＝40,000+30,000
※4　84,000＝@120×700株
※5　差額

7 ┃ 開 示 例

▶リゾートトラスト株式会社（2021年）

譲渡制限付株式報酬としての自己株式の処分に関するお知らせ

（処分の目的及び理由）

当社は，2021年4月14日開催の取締役会において，当社の取締役（監査等委員である取締役及び社外取締役を除き，以下「対象役員」といいます。）に対して当社の中長期的な企業価値及び株主価値の持続的な向上を図るインセンティブを付与すると共に，株主の皆さまと一層の価値共有を進めることを目的として，対象役員を対象とする新たな報酬制度として，譲渡制限付株式報酬制度（以下「本制度」といいます。）を導入することを決議し，また，2021年6月29日開催の第48回定時株主総会において，本制度に基づき，既存の金銭報酬枠とは別枠で，対象役員に対して報酬等として譲渡制限付株式を付与することにつき，ご承認をいただいております。

〈本制度の概要〉

本制度による譲渡制限付株式の付与は，対象役員の報酬等として金銭の払込み等を要せず当社の普通株式の発行若しくは処分を行う方法にて行います。…（省略）…。本制度による当社の普通株式の発行又は処分に当たっては，当社と割当てを受ける対象役員との間で譲渡制限付株式割当契約を締結するものとし，その内容として，次の事項が含まれることとします。

①　対象役員は，譲渡制限付株式割当契約により割当てを受けた当社の普通株式について，当該株式の割当日から当該対象役員が当社の取締役その他当社取締役会で定める地位を退任又は退職する日までの期間，譲渡，担保権の設定その他の処分をしてはならないこと

②　法令，社内規則又は譲渡制限付株式割当契約の違反その他当該株式を無償取得することが相当である事由として当社取締役会で定める事由に該当した場合，当該株式を当然に無償で取得すること

〈譲渡制限付株式割当契約の概要〉

本自己株式処分に伴い，当社と対象役員は個別に譲渡制限付株式割当契約を締結いたしますが，その概要は以下のとおりです。

(1)　譲渡制限期間

対象役員は，2021年7月29日（割当日）から当社の取締役を退任する日までの間，本割当株式について，譲渡，担保権の設定その他の処分をしてはならない。

(2)　譲渡制限の解除条件

対象役員が，割当日の直前の当社の定時株主総会の日から翌年の定時株主総会の日までの間（以下「本役務提供期間」という。），継続して，当社の取締役の地位にあったことを条件として，譲渡制限期間の満了時（退任時）において，本割当株式の全部につき，譲渡制限を解除する。ただし，対象役員が本役務提供期間において，死亡その他当社が正当と認める理由により当社の取締役を退

任した場合，譲渡制限期間の満了時（退任時）において，本役務提供期間の開始日を含む月の翌月から当該退任日を含む月までの月数を 12 で除した数に，本割当株式の数を乗じた数の本割当株式につき，譲渡制限を解除する。

⑶　当社による無償取得

当社は，譲渡制限期間の満了時において，譲渡制限が解除されていない本割当株式を当然に無償で取得する。

従業員に株主価値向上へのモチベーションを与えたい

1 目　的

> 従業員の経営参画意識を向上させるために，株主価値向上へのモチベーションを与える

2 背　景

　前節で紹介したように，従来，日本の会社法では，無償での株式発行や，労務を提供することによる出資が認められていませんでしたが，2019年に会社法が改正され，取締役の報酬として株式を無償で交付することが可能となりました（会社法202条の2）。しかし，報酬として株式の無償発行が認められたのは，上場会社の取締役・執行役のみであり，執行役員や従業員に対しての無償発行は引き続き認められていません。

　しかし，取締役と同様に，従業員に対しても報酬と自社の株価を結び付け，企業価値向上に向けて従業員のやる気を引き出したいという経営者のニーズは存在します。

3 従業員の報酬として譲渡制限株式を交付する効果

　このニーズを満たす1つの方法として，リストリクテッド・ストックやパフォーマンスシェアと呼ばれる株式報酬制度があります。

　日本では，経済産業省が発表した「コーポレート・ガバナンス・システムの在り方に関する研究会報告書（2016年）」や『「攻めの経営」を促す役員報酬－企業の持続的成長のためのインセンティブプラン導入の手引－（2017年）』

を契機として，従業員に対する株式報酬制度が急速に広まりました。これは，株式を無償で発行するわけではなく，会社が従業員への報酬として金銭報酬債権を付与し，従業員はその債権を現物出資することによって株式を受け取るという整理になっています。

　リストリクテッド・ストックとは，一定期間の譲渡制限が付された現物株式を報酬として付与するものです。譲渡制限が付されていることにより，その期間中は株式を付与された役職員が離職してしまうのを防止する効果や，中長期的な企業価値向上へのインセンティブを与えることができるというメリットがあります。この譲渡制限は，勤務条件や業績条件をクリアすると解除され，株式を売却して換金できるようになります。

　このリストリクテッド・ストックには，事前交付型と事後交付型がありますが，日本における事例としては，圧倒的に事前交付型リストリクテッド・ストックの方が多く導入されています。

　事前交付型は，株式報酬の対象となる職務執行期間が始まってすぐに株式を交付するのに対して，事後交付型は，職務執行期間が終了した後で株式を交付する形態です。事後交付型のものは，リストリクテッド・ストック・ユニットと呼ばれることもあります。事後交付型についてもう少し補足すると，事前にユニットと呼ばれるポイントのようなものを役職員に付与し，継続勤務条件などをクリアした後に，ユニットと交換に株式を付与するという仕組みです。ユニットは事前に交付されますが，株式は事後に交付されるため，事後交付型と呼ばれています。

　英語の "restrict" は，「制限する」という意味ですが，事前交付型でも事後交付型でも，条件を達成するまで株式を売却することができず，権利が制限されていることが分かります。

　この他にも，報酬と自社の株価を結び付けて従業員のやる気を引き出すという点では，ストック・オプションという制度もあります。ストック・オプションとは，役職員が自社株をあらかじめ定められた価格（権利行使価格）で取得できる権利のことで，将来，株価が上昇して権利行使価格を上回った場合，その時点で権利を行使すれば，株式を権利行使価格で取得することができ，売却によって利益を確保することができます。ただし，このストック・オプション

の欠点は，付与後に株価が下がってしまうと，従業員のやる気を引き出す効果
が大きく低下してしまうところにあります。例えば，現在の株価が100円で，
権利行使価格が110円のストック・オプションを従業員が付与されたとします。
この半年後，株価が105円水準だとすると，従業員は引き続き株価が上がるよ
う，企業価値の向上につながる貢献をしたいと思うはずで，インセンティブ効
果も保たれます。しかし，その半年後，株価が60円にまで下落したとします。
そうすると，権利行使価格である110円との差は大きく，最終的に権利行使で
きそうにないと諦めてしまう従業員も増えるでしょう。この場合，従業員のや
る気を引き出すインセンティブ効果はなくなってしまいます。

　一方で，株式を交付するリストリクテッド・ストックであれば，先程の例の
ように株価が60円に下がっても，まだ60円の価値はあるわけです。また，企
業価値の向上につながる貢献をして，株価が70円になればその分だけ経済的
価値は増えますから，やる気を引き出すことができ，インセンティブ効果はな
くなりません。

4 ▏会計処理

　リストリクテッド・ストックは，現物出資を前提とした取引であり，「取締
役の報酬等として株式を無償交付する取引に関する取扱い（実務対応報告第
41号）」を適用することはできず，これについての会計処理を定めた基準等は
ありません。しかし，前述の『「攻めの経営」を促す役員報酬－企業の持続的
成長のためのインセンティブプラン導入の手引－』には，特定譲渡制限付株式
を交付した場合の会計処理が示されており，実務上はこれを参考にした会計処
理が行われています。また，2019年には日本公認会計士協会から，インセン
ティブ報酬の会計処理に係る考え方をまとめた「インセンティブ報酬の会計処
理に関する研究報告」が公表されており，これを参考とすることもできます。

　事前交付型のリストリクテッド・ストックで，新株発行ではなく自己株式の
処分を前提とした場合の具体的な処理は以下のようになります。

　まず，会社が役職員に金銭報酬債権を付与し，その役職員が報酬債権を現物
出資することで，特定譲渡制限付株式（自己株式）を交付した場合には，付与

した報酬債権相当額を前払費用等の科目で資産計上し，交付した自己株式の帳簿価額を減額します。両社の差額は自己株式処分差額として，その他資本剰余金に計上します。

　その後は，現物出資された報酬債権相当額のうち，役職員が提供する役務として当期に発生したと認められる額を，対象勤務期間（譲渡制限期間）を基礎とする方法等の合理的な方法で算定し，費用計上します。

　また，付与した報酬債権相当額のうち譲渡制限解除の条件を達成できなかったことにより会社が株式を無償取得することとなった部分については，役職員から役務提供を受けられなかったものとして，前払費用等を取崩し，同額を雑損失等の科目で損失処理することになります。

5 設　例

【前提条件】

- X1年4月1日に役職員から報酬債権600の現物出資を受け，保有していた自己株式を，特定譲渡制限付株式として600株交付した。
- 交付した自己株式600株の帳簿価額は700であった。
- 株式を付与してから譲渡制限が解除されるまでの期間は3年間であり，X4年3月31日が予定されている。
- 譲渡制限が解除される条件は，譲渡制限期間中に継続して勤務することと定められている。

【解説】

〈X1年4月1日〉

仕訳（報酬債権の付与・株式の交付）

| 前払費用等 | 600 ※1 | 自己株式 | 700 ※2 |
| 自己株式処分差額 | 100 ※3 | | |

※1　600：報酬債権相当額
※2　700：自己株式の帳簿価額
※3　100：差額

204 第Ⅱ部 ケース別 経営意思決定における自己株式の活用方法

〈X2年3月31日〉

仕訳（費用計上）

株式報酬費用	200 ※4	前払費用等	200 ※4

※4　200 = 600×12か月÷36か月

〈X3年3月31日〉

仕訳（費用計上）

株式報酬費用	200 ※5	前払費用等	200 ※5

※5　200 = 600×12か月÷36か月

〈X4年3月31日〉

仕訳（費用計上）

株式報酬費用	200 ※6	前払費用等	200 ※6

※6　200 = 600×12か月÷36か月

6 税務処理

(1) 付与した法人

リストリクテッド・ストックのうち,

① 譲渡制限期間が設けられている
② 企業が無償で株式を取得することになる事由が定められている
③ 役務の提供の対価として生じた債権の給付と引換えに譲渡制限付株式が交付される

という要件を満たすものは, 特定譲渡制限付株式として定義されています。

① 損金算入時期

特定譲渡制限付株式による給与の額の損金算入時期については, 役員・従業員等の個人に給与等課税額が生ずることが確定した日においてその法人がその役員・従業員等の個人から役務の提供を受けたものとして, その役務の提供に

係る費用の額をその法人の同日の属する事業年度の損金の額に算入することになります（法人税法34条）。つまり，付与日の属する事業年度ではなく，役員・従業員が課税を受ける事業年度に損金算入されます。事前確定届出給与などの損金算入要件を満たす必要がある点は通常と変わりません。

② 損金算入額

譲渡制限が解除された特定譲渡制限付株式の交付と引換えにその役員・従業員等の個人により現物出資された報酬債権等の額に相当する金額が損金算入されます。譲渡制限が解除された日の株式の価額ではありません。

ただし，個人において役務の提供につき給与等課税額が生じないときは，その役務の提供を受ける法人のその役務の提供を受けたことによる費用の額，又はその役務の全部若しくは一部の役務の提供を受けられなかったことによる損失の額は，損金算入できません。

⑵ 付与された個人

特定譲渡制限付株式を付与された個人は，付与された日ではなく，譲渡制限が解除された日に，その日の株式の価額で課税されます（所得税法施行令84条）。

7 ▌開示例

▶ユニ・チャーム株式会社（2020年）

当社及び当社子会社の従業員に対する譲渡制限付株式報酬としての自己株式の処分に関するお知らせ
（処分の目的及び理由） 当社は，2020年3月25日開催の取締役会において，当社及び当社子会社の従業員（以下「対象従業員」といいます。）に対する当社グループの企業価値の持続的な向上を図るインセンティブの付与及び株主価値の共有を目的として，譲渡制限付株式付与制度（以下「本制度」といいます。）を導入することを決議いたしました。

なお，本制度の概要等につきましては，以下のとおりです。

【本制度の概要等】

対象従業員は，本制度に基づき当社又は当社子会社から支給される金銭債権の全部を現物出資財産として払込み，当社の普通株式について発行又は処分を受けることとなります。

また，本制度による当社の普通株式の発行又は処分に当たっては，当社と対象従業員との間で譲渡制限付株式割当契約を締結するものとし，その内容としては，①対象従業員は，一定期間，譲渡制限付株式割当契約により割当てを受けた当社の普通株式について，譲渡，担保権の設定その他の処分をしてはならないこと，②一定の事由が生じた場合には当社が当該普通株式を無償で取得すること等が含まれることといたします。

今回は，本制度の目的，当社の業況，各対象従業員の職責の範囲及び諸般の事情を勘案し，各対象従業員の更なるモチベーションの向上を目的といたしまして，金銭債権合計5,784,546,100円（以下「本金銭債権」といいます。），普通株式1,593,100株を付与することといたしました。また，本制度の導入目的である株主価値の共有を中長期にわたって実現するため，対象従業員の譲渡制限期間を5年程度としております。

（本割当契約の概要）

(1)　譲渡制限期間

　2020年9月30日から2025年7月1日まで

(2)　譲渡制限の解除条件

　対象従業員が譲渡制限期間中，継続して，当社又は当社子会社の使用人又はその他これに準ずる地位のいずれかの地位にあることを条件として，本割当株式の全部について，譲渡制限期間の満了時点で譲渡制限を解除する。

(3)　譲渡制限期間中に，対象従業員が定年その他正当な事由により退職した場合の取扱い対象従業員が，当社又は当社子会社の使用人又はその他これに準ずる地位からも定年その他正当な事由により退職（死亡による退職を含む）した場合には，本割当株式の全部について，対象従業員の退職の直後の時点をもって，譲渡制限を解除する。

(4)　当社による無償取得

　当社は，譲渡制限期間満了時点または上記(3)で定める譲渡制限解除時点において，譲渡制限が解除されない本割当株式の全部について，当社は当然に無償で取得する。

14 上場維持基準を充足するために，流通株式比率を上昇させたい

1 目　的

上場維持基準を充足するために，流通株式比率を上昇させる

2 背　景

　市場毎の上場維持基準は，**図表Ⅱ-14-1** のとおりですが，2022年12月31日時点で，上場維持基準を充足していない企業数は510社あります。そのうち，流通株式比率の未充足は132社にのぼります。

【図表Ⅱ-14-1】　非適合となっている企業数の基準別内訳（2022年12月31日時点）

(上段：基準，下段：非適合社数)

項目	プライム	スタンダード	グロース
株主数	800 人以上 0	400 人以上 11	150 人以上 0
流通株式数	20,000 単位以上	2,000 単位以上	1,000 単位以上
流通株式時価総額	100 億円以上 227	10 億円以上 136	5 億円以上 5
流通株式比率	35%以上 38	25% 73	25%以上 21
1 日平均売買代金	0.2 億円以上 77	--	--
月平均売買高	--	10 単位以上 0	10 単位以上 0

時価総額	--	--	40億円以上 17
純資産	正	正	正
合計（重複を除く）	269	200	41

　求められている流通株式比率は市場によって異なり，プライム市場では35％以上であること，スタンダード市場とグロース市場では25％以上とされています。

　未充足の企業数を市場別でみると，プライム市場で38社，スタンダード市場で73社，グロース市場で21社となっています。

　流通株式比率が低い企業の多くは，親会社・創業者の持株比率が高いこと，多くの株式を取引先やメインバンクに保有してもらっている結果，持ち合い比率が高いこと等の特徴があります。

　経営者としては，最上位市場とされているプライム市場での上場を維持するため，また，上場廃止を回避するために，流通株式比率を上昇させたいという思いが生じます。

3 ｜ 自己株式消却の効果

　流通株式比率は，流通株式数を上場株式数で除して算定します。

$$流通株式比率 = \frac{流通株式数}{上場株式数}$$

　通常，上場企業の発行済株式はすべて上場されるため，発行済株式数と上場株式数は一致します。このため，日本電信電話株式会社や日本郵政株式会社など，一部の株式を政府が保有しているケースを除き，大部分の企業では上場株式数を発行済株式数と読み替えても支障ありません。

　一方の流通株式数は，①上場株式数から，②主要株主が所有する株式，③役員等の所有株式数，④自己株式数，⑤国内の普通銀行・保険会社・事業法人等

が所有する株式数，⑥その他東証が固定的と認める株式数を控除して算定します。この算定方法からもわかるとおり，自己株式を保有していると，流通株式数はその分だけ減少することになります。

【図表Ⅱ-14-2】 流通株式の範囲

網掛け部分が流通株式となります。

	上場株式							
その他	主要株主（10%以上）が所有する株式					役員等が所有する株式	自己株式	国内普通銀行、保険会社、事業法人等が所有する株式	東証が固定的と認める株式
	投資信託、年金信託に組み込まれた株式	運用目的の信託に組み込まれた株式	証券会社等が所有する信用取引に係る株式	預託証券に係る預託機関名義の株式	その他				

流通株式時価総額は，流通株式数に時価を乗じて計算しますから，こちらも同様に，自己株式を保有していると，流通株式時価総額が少なくなってしまいます。

$$流通株式時価総額 = 流通株式数 \times 事業年度末日以前3か月間の終値の平均値$$

流通株式比率を上昇させるための選択肢として，自己株式の消却が挙げられます。自己株式を消却しても流通株式数には影響しませんが，上場株式数が減少しますから，結果的に流通株式比率は上昇します。特に，多額の自己株式を取得したまま，金庫株として保有している企業では，大きな効果を発揮します。

なお，自己株式を消却しても流通株式数は変わらないため，流通株式時価総額を引き上げる効果はありません。

設 例

　以下のような企業が，期末にすべての自己株式を消却した場合，流通株式比率への影響度は＋7％ポイント（31％ → 38％に上昇）となる。

【前提条件】

決算期：3月

3月末の株式数は以下のとおり。

　上場株式数（＝発行済株式数）：100,000株

　消却前の自己株式数：18,000株

　主要株主が所有する株式数：25,000株

　役員等が所有する株式数：1,000株

　国内の普通銀行・保険会社・事業法人等が所有する株式数：25,000株

　その他東証が固定的と認める株式数：0株

　流通株式数：

　　（消却前）100,000 − 25,000 − 18,000 − 1,000 − 25,000 − 0 ＝ 31,000株

　　（消却後）82,000 − 25,000 − 0 − 1,000 − 25,000 − 0 ＝ 31,000株

　流通株式比率：

　　（消却前）31,000 ÷ 100,000 ＝ 31％

　　（消却後）31,000 ÷ 82,000 ≒ 38％

自己株式消却前

上場株式数 100,000	主要株主が所有する株式数 25,000
	自己株式数 18,000
	役員等が所有する株式数 1,000
	国内の普通銀行・保険会社 事業法人等が所有する株式数 25,000
	その他東証が固定的と認める株式数 0
	流通株式数 31,000 （流通株式比率）31％

自己株式消却後

上場株式数 82,000	主要株主が所有する株式数 25,000
	自己株式数 0
	役員等が所有する株式数 1,000
	国内の普通銀行・保険会社 事業法人等が所有する株式数 25,000
	その他東証が固定的と認める株式数 0
	流通株式数 31,000 （流通株式比率）38%

4 ▌開 示 例

　流通株式比率の向上を目的として自己株式の消却を行い，上場維持基準への適合を実現した事例は数多くあります。

　ここでは，比較的大規模な自己株式の消却が行われた事例を2つピックアップしました。プレスリリースや「新市場区分の上場維持基準の適合に向けた計画書」において，以下のような記載がみられます。

▶株式会社ゆうちょ銀行（2021年）

表題
新市場区分の上場維持基準の適合に向けた計画書

上場維持基準の適合に向けた取組の基本方針，課題及び取組内容（抜粋）
なお，2021年6月末日現在において，当行が保有していた自己株式（750,524,980株）のうち750,454,980株については，流通株式比率の向上を図ること等を目的に2021年8月30日の取締役会で消却することを決議し，2021年9月15日に消却いたしました。これにより，流通株式比率は，基準日時点の8.8％から約10.6％※に上昇いたしました。

> ※東証が基準日時点で把握している当行の株券等の分布状況等を基に，消却した自己株式750,454,980 株を，上場株式数及び自己株式数から控除して算出した比率です。

▶株式会社日立物流（2021年）

表題
自己株式の消却に関するお知らせ

１．自己株式の消却の内容
(1) 消却する株式の種類 当社普通株式
(2) 消却する株式の数 6,975,786株（消却前発行済株式総数に対する割合 6.2%）
(3) 消却予定日 2021年6月4日

（ご参考）
● 消却後の発行済株式総数 104,800,928株
● 消却後の自己株式数 20,927,359株（消却後発行済株式総数に対する割合 20.0%）

今回の自己株式の消却の結果，東京証券取引所の新市場区分であるプライム市場の上場維持基準の一つである流通株式比率 35% 以上に適合する見通しです。

5 ┃ 自己株式の消却の会計処理

自己株式を消却した場合の会計処理の概要は，以下のようになります。

> ■ 自己株式を消却した場合には，自己株式の帳簿価額をその他資本剰余金から減額する。
> ➡消却差額は発生しない
>
> 期末のその他資本剰余金がマイナスになった場合には，その他資本剰余金をゼロとし，マイナスの分だけその他利益剰余金（繰越利益剰余金）から減額する。

➡その他資本剰余金が，期末時点でマイナスになることはない

■ 自己株式の消却に関する付随費用は，損益計算書の営業外費用に計上する。

➡処分差額に含めない

詳細については，第1部❾をご参照ください。

設例

【前提条件】
● A社は，帳簿価額1,000の自己株式をすべて消却した。

【仕訳】

その他資本剰余金	1,000	自己株式	1,000

6 ┃ 自己株式の消却の税務処理

自己株式を消却した場合の税務処理の概要は，以下のようになります。

■ 税務において，自己株式は取得した段階で資本の払戻しとして処理する。すなわち，取得した際に自己株式の帳簿価額を資本金等の額または利益積立金額から減額するため，自己株式の帳簿価額はゼロとなっている。

■ 自己株式を消却した時には，税務上の資本金等の額及び利益積立金額に変動はなく，何らの処理も行わない。

➡会計と税務とで取扱いが異なるため，この相違について申告調整が必要となる。

詳しくは，第Ⅰ部⓬をご参照ください。

上場維持基準を充足するために，流通株式時価総額を上昇させたい

1 ┃目　　的

> 上場維持基準を充足するために，流通株式時価総額を上昇させる

2 ┃背　　景

　東京証券取引所（以下，東証）には，「市場第一部」，「市場第二部」，「マザーズ」，「ジャスダック（スタンダード・グロース）」という4つの市場区分がありました。この構造は，東証と大阪証券取引所が2013年に株式市場を統合した際に形成されたもので，上場会社や投資者への影響を最小限にするべく，統合前の市場構造を維持したことによるものです。

　しかし，各市場区分のコンセプトが不明確で，特に「市場第二部」・「マザーズ」・「ジャスダック」の位置づけが重複しているという課題がありました。また，新規上場基準よりも上場廃止基準の方が大幅に緩和されたものとなっており，一度上場してしまえば余程の事象が発生しない限り退場させられることがなく，新規上場時の水準を維持できないまま何年も上場を続ける企業が数多く存在していることも問題視されていました。

　そこで，これらの課題に対応するため，市場区分の見直しに向けた検討が開始され，2022年4月4日には，従来の「市場第一部」，「市場第二部」，「マザーズ」，「ジャスダック」を廃止し，新たに「プライム」，「スタンダード」，「グロース」という3つの市場を発足する再編が行われました。そして，各市場のコンセプトが明確に掲げられ，流通株式数や流通株式時価総額，売買代金，流通株式比率といった項目について市場ごとに異なる上場維持基準が設けられました。

【図表Ⅱ-15-1】　市場区分の再編

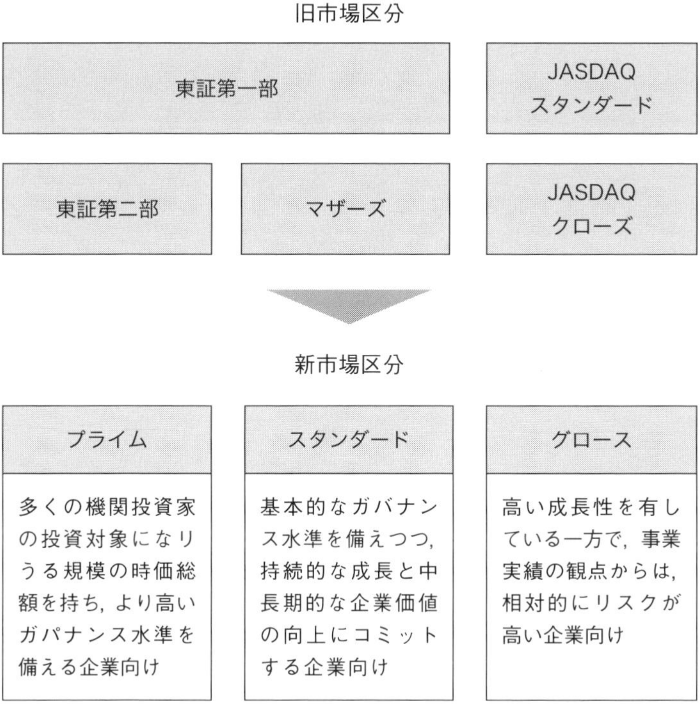

旧市場区分

東証第一部	JASDAQ スタンダード
東証第二部	マザーズ	JASDAQ グローズ

新市場区分

プライム	スタンダード	グロース
多くの機関投資家の投資対象になりうる規模の時価総額を持ち，より高いガバナンス水準を備える企業向け	基本的なガバナンス水準を備えつつ，持続的な成長と中長期的な企業価値の向上にコミットする企業向け	高い成長性を有している一方で，事業実績の観点からは，相対的にリスクが高い企業向け

　従来は，上場廃止基準に抵触しなければ上場を維持できましたが，再編後は上場維持基準をクリアしていなければ上場廃止基準に抵触するという建付けになっています。これにより，上場企業は，新規上場時の審査基準と同等の水準に設定されている上場維持基準を継続的に維持することが求められるようになりました。

【図表Ⅱ-15-2】　市場毎の上場維持基準

項目	プライム	スタンダード	グロース
株主数	800人以上	400人以上	150人以上
流通株式数	20,000単位以上	2,000単位以上	1,000単位以上
流通株式時価総額	100億円以上	10億円以上	5億円以上
流通株式比率	35%以上	25%以上	
1日平均売買代金	0.2億円以上	--	
月平均売買高	--	10単位以上	10単位以上
時価総額	--		40億円以上
純資産	正	正	正

【図表Ⅱ-15-3】　流通株式の範囲

網掛け部分が流通株式となります。

	上場株式						
その他	主要株主（10%以上）が所有する株式				役員等が所有する株式	自己株式	国内普通銀行,保険会社,事業法人等が所有する株式	東証が固定的と認める株式
	投資信託,年金信託に組み込まれた株式	運用目的の信託に組み込まれた株式	証券会社等が所有する信用取引に係る株式	預託証券に係る預託機関名義の株式	その他			

　市場再編にあたっては，移行基準日である2021年6月30日における上場維持基準への適合状況を東証が試算して各上場企業に通知し，その通知を参考に

各企業がいずれかの市場区分を選択して，東証に申請するという手順がとられました。市場の選択が各企業に委ねられた結果，申請時点ではその市場区分の上場維持基準に適合していないケースも生まれました。この場合には，適合に向けた計画書の提出と，進捗状況の定期的な公表を要件に，選択した市場での上場を暫定的に認める経過措置が設けられました。ただし，経過措置が認められている一定期間内に上場維持基準に適合できなければ監理銘柄・整理銘柄に指定された上で上場廃止となります。経過措置は2025年3月以降に到来する決算日をもって終了する見込みで，その後1年間の改善期間が設けられていることから，3月決算の企業における実質的な猶予期限は2026年3月になります。

　なお，一斉移行日である2022年4月4日の市場選択結果は図表Ⅱ-15-4のようになりました。

　「市場第二部」「JASDAQ（スタンダード）」に属していた企業はすべてが「スタンダード市場」に移行し，「マザーズ」「JASDAQ（グロース）」に属していた企業も，ほぼすべてが「グロース市場」に移行しました。また，「市場第一部」に属していた企業のうち，約85％の企業（1,839社）が「プライム市場」を選択し，約15％の企業（338社）が「スタンダード市場」を選択しました。

【図表Ⅱ-15-4】　2022年4月4日時点での各市場区分の上場会社数
（旧市場区分は2022年4月3日時点）

	プライム	スタンダード	グロース	合計
市場第一部	1,839	338	--	2,177
市場第二部 JASDAQ スタンダード	--	1,127	--	1,127
マザーズ JASDAQ グロース	--	1	465	466
2022年4月4日 新規上場	--	--	1	1
新市場区分の 上場会社数	1,839	1,466	466	3,771

　上述のように，この社数には，移行先市場の上場維持基準に適合していない企業も含まれており，その数は図表Ⅱ-15-5のようになります。

【図表Ⅱ-15-5】 経過措置適用企業の割合（2022年4月4日時点）

	プライム	スタンダード	グロース	合計
新市場区分の 上場会社数	1,839	1,466	466	3,771
上場維持基準を 充足している会社数	1,544	1,257	421	3,222
上場維持基準への 適合計画を開示	295	209	45	549
経過措置適用企業の 割合	16.0%	14.3%	9.7%	14.6%

　「プライム市場」に移行した1,839社のうち295社，「スタンダード市場」に移行した1,466社のうち209社，「グロース市場」に移行した466社のうち45社は移行先市場の上場維持基準を充足しておらず，適合に向けた計画書を提出しています。

　その後，基準に適合したケースや，新たに適合しなくなったケースなどの入れ替わりがあるものの，移行日から9か月が経過した2022年12月31日時点でも，図表Ⅱ-15-6のように，状況は大きく変わっていません。

【図表Ⅱ-15-6】 経過措置適用企業の割合（2022年12月31日時点）

	プライム	スタンダード	グロース	合計
新市場区分の 上場会社数	1,838	1,451	516	3,805
上場維持基準を 充足している会社数	1,569	1,251	475	3,295
上場維持基準への 適合計画を開示	269	200	41	510
経過措置適用企業の 割合	14.6%	13.8%	7.9%	13.4%

　上場維持基準を充足しない企業数は全市場合計で510社残っています。各市場の１割強を占めており，決して少ない数ではありません。不適合となっている基準別の内訳をみると，最も多いのが流通株式時価総額の未充足で368社，次に流通株式比率の未充足で132社となっています。

【図表Ⅱ-15-7】　非適合となっている企業数の基準別内訳（2022年12月31日時点）

（上段：基準，下段：非適合社数）

項目	プライム	スタンダード	グロース
株主数	800 人以上 0	400 人以上 11	150 人以上 0
流通株式数	20,000 単位以上	2,000 単位以上	1,000 単位以上
流通株式時価総額	100 億円以上 227	10 億円以上 136	5 億円以上 5
流通株式比率	35%以上 38	25% 73	25%以上 21
１日平均売買代金	0.2 億円以上 77	--	--
月平均売買高	--	10 単位以上 0	10 単位以上 0
時価総額	--	--	40 億円以上 17
純資産	正	正	正
合計（重複を除く）	269	200	41

　なお，上述の経過措置の他にも，市場再編前に市場第一部に所属していたプライム市場上場企業は，2023年４月１日〜９月29日までの６か月間に限り，審査なしでスタンダード市場へ移行できるという救済措置も設けられました。この期間中にスタンダード市場への移行を選択した企業は，2023年10月20日に上場市場が変更されます。2023年９月末以降も引き続き基準達成を目指すか，救済措置を利用してスタンダード市場への移行を選択するかを判断することに

なります。

　仮に今回の救済措置を利用せず，2026年3月末時点で上場維持基準に適合していなければ，監理銘柄・整理銘柄に指定された上で上場廃止となります。また，2023年10月以降にスタンダード市場への移行を希望する場合には，一度上場廃止となってから，再度，スタンダード市場の上場審査を受けることになります。上場廃止という大きなリスクを孕んでいることから，救済措置を利用するかどうかの意思決定は，極めて重要な意味を持ちます。

　この救済措置が2023年1月に公表されて以降，プライム市場を諦め，スタンダード市場への移行を表明する企業が数多く出てきています。2023年5月末時点で30社，6月末時点で47社がスタンダード市場への移行を申請しています。

　なお，スタンダード市場とグロース市場に上場している企業にはこのような措置はありません。このため，スタンダード市場の基準を満たしていないからという理由で，グロース市場に移行することはできず，この場合には上場廃止となります。グロース市場では高い成長性が求められており，スタンダード市場とは位置づけが異なるからです。

　上述のとおり，流通株式時価総額に係る上場維持基準に多くの企業が頭を悩ませていますが，この基準の未充足により経過措置の適用対象となっている企業の経営者としては，最上位市場とされるプライム市場での上場を維持するため，また上場廃止を回避するために，流通株式時価総額を上昇させたいという思いが生じます。

3 ▐ 自己株式処分の効果

　流通株式数は，図表Ⅱ-15-3のとおり，①上場株式数から，②主要株主が所有する株式数，③役員等の所有株式数，④自己株式数，⑤国内の普通銀行・保険会社・事業法人等が所有する株式数，⑥その他東証が固定的と認める株式数を控除して算定します。この算定方法からもわかるとおり，自己株式を保有していると，流通株式数はその分だけ減少することになります。

　流通株式時価総額は，流通株式数に時価を乗じて計算しますから，こちらも

同様に，自己株式を保有していると，流通株式時価総額が少なくなってしまいます。

【図表Ⅱ-15-8】　流通株式時価総額の算定式

流通株式時価総額	=	流通株式数	×	事業年度末日以前3か月間の終値の平均値

流通株式比率であれば，親会社・創業者・政策保有先等の決断次第で向上させることができますが，流通株式時価総額を引き上げることは容易ではありません。

なぜなら，流通株式時価総額は流通株式数に株価を乗じて計算するため，流通株式数が増加しても，株価が下落してしまえば流通株式時価総額の増加は限定的となってしまうからです。

もちろん業績が向上すれば株価の上昇要因となりますが，株価は様々な要因によって決定されるため，業績が良くても株価が下がってしまうという事象は珍しいことではありません。企業は株価を直接コントロールすることはできないのです。このため，流通株式時価総額を増加させるためには，まずは流通株式数を増加させる施策を講じるのが現実的です。その方法として最も取り掛かりやすいのは，主要株主や持ち合い状態にある株主などに株式を売却してもらうことです。主要株主の保有する株式数や国内の普通銀行・保険会社・事業会社等が保有する株式は流通株式数に含まれないため，売却してもらえばその分だけ流通株式数が増加します。持ち合い株式の解消については，○節にて解説していますのでご参照ください。

他の方法としては，保有している自己株式を処分して，自己株式の数を減少させるという方法があります。

ドイツなどのヨーロッパ諸国とは異なり，日本の会社法では，自己株式を処分するためには，原則として新株の発行と同様の手続によらなければならず，市場で売却することはできません。

　新株発行と同様の手続とは，具体的には，株主割当・第三者割当・公募によることになります。この中で，流通株式数の増加を実現するためには，第三者割当が最も多く活用されると見込まれます。具体的には，株式報酬制度や株式給付信託制度により，従業員や株式給付信託の受託者に自己株式を処分する方法です。

　前述のように自己株式として保有していると流通株式には含まれませんが，従業員が保有する株式，信託化されている株式，従業員持株会が所有する株式などは流通株式として取り扱われるため，従業員の帰属意識の醸成や株価上昇に対する動機づけといった目的と合わせて株式報酬制度や株式給付信託制度を利用することは有効な選択肢となります。

設 例

　以下のような企業が，期末に株式報酬制度を導入し，第三者割当による自己株式の処分として，すべての自己株式を従業員に割り当てたとする。この場合，流通株式時価総額は700百万円から1,000百万円に上昇し，スタンダード市場の上場維持基準である1,000百万円をクリアしたことになる。また，流通株式比率も23％から33％に上昇し，スタンダード市場の上場維持基準である25％も同時にクリアしている。

【前提条件】

　決算期：3月

　3月末の株価と株式数は以下のとおり。

　株価：500千円

　上場株式数（＝発行済株式数）：6,000株

　株式報酬制度導入前の自己株式数：600株

　主要株主が所有する株式数：1,500株

　役員等が所有する株式数：500株

　国内の普通銀行・保険会社・事業法人等が所有する株式数：2,000株

　その他東証が固定的と認める株式数：0株

　流通株式数：

　　（株式報酬制度導入前）6,000－1,500－600－500－2,000－0＝1,400株

　　（株式報酬制度導入後）6,000－1,500－ 0 －500－2,000－0＝2,000株

流通株式時価総額：

　（株式報酬制度導入前）500千円 × 1,400株 = 700百万円

　（株式報酬制度導入後）500千円 × 2,000株 = 1,000百万円

自己株式処分前

上場株式数 6,000	主要株主が所有する株式数 1,500
	自己株式数 600
	役員等が所有する株式数 500
	国内の普通銀行・保険会社 事業法人等が所有する株式数 2,000
	その他東証が固定的と認める株式数 0
	流通株式数 1,400 （流通株式比率）23%

自己株式処分後

上場株式数 6,000	主要株主が所有する株式数 1,500
	自己株式数 0
	役員等が所有する株式数 500
	国内の普通銀行・保険会社 事業法人等が所有する株式数 2,000
	その他東証が固定的と認める株式数 0
	流通株式数 2,000 （流通株式比率）33%

4 ┃ 開 示 例

　第三者割当による自己株式の処分を実施したことで，流通株式時価総額の基準を満たし，プライム市場やスタンダード市場の上場維持基準に適合した事例も見られます。

▶ブックオフホールディングス株式会社（2022年）

表題
プライム市場上場維持基準への適合に関するお知らせ

当社の上場維持基準への適合状況
当社は，2021年12月21日公表の「新市場区分の上場維持基準の適合に向けた計画書」において，流通株式時価総額ならびに流通株式比率向上に向けた現状の課題及び取り組みについて，お知らせいたしました。
計画に掲げた時価総額向上に向けた取り組みに加え，2022年4月に実施した自己株式の処分による流通株式数の増加等の結果，当社の判定基準日である2022年5月末時点での流通株式時価総額は124億円となり，その他全ての上場維持基準を充たしております。

▶工藤建設株式会社（2022年）

表題
スタンダード市場上場維持基準への適合に関するお知らせ

上場維持準の適合に向けて掲げた課題と取組実績
当社は「流通株式数」を増加させることが最大の課題であると認識し，2021年8月26日開催の当社取締役会において，譲渡制限付き株式報酬として自己株式の処分を行うことについて決議し，2021年12月27日に実施いたしました。
これにより，2022年6月末日の判定基準日において，判定に使用された価格2,495.18円で算出した結果，「流通時価総額」は，上場維持基準である10億円を上回り，12億4百万円となりました。また，「流通株式比率」は上場維持基準の25%を上回り，36.2%となりました。

5 ┃ 自己株式の処分の会計処理

自己株式を処分した場合の会計処理の概要は，以下のようになります。

■ 自己株式を処分した場合の利益である自己株式処分差益は，その他資本剰余金に計上する。

➡損益処理しない

■ 自己株式を処分した場合の損失である自己株式処分差損は，その他資本剰余金から減額する。

➡損益処理しない

その結果，期末のその他資本剰余金がマイナスになった場合には，その他資本剰余金をゼロとし，マイナスの分だけその他利益剰余金（繰越利益剰余金）から減額する。

➡その他資本剰余金が，期末時点でマイナスになることはない

■ 自己株式の処分に関する付随費用は，損益計算書の営業外費用に計上する。

➡処分差額に含めない

詳細については，第Ⅰ部❽をご参照ください。

設 例

【前提条件】
● A社は，帳簿価額100の自己株式を，対価120で処分した。
● 自己株式の処分に係る手数料として，証券会社に手数料5を支払った。

【仕訳】

現金預金	120	自己株式	100
		自己株式処分差益	20
支払手数料（営業外費用）	5	現金預金	5

6 ┃ 自己株式の処分の税務処理

自己株式を処分した場合の税務処理の概要は，以下のようになります。

> ■ 税務において，自己株式は取得した段階で資本の払戻しとして処理する。すなわち，取得した際に自己株式の帳簿価額を資本金等の額または利益積立金額から減額するため，自己株式の帳簿価額はゼロとなっている。
>
> ■ 自己株式を処分した場合には，新株を発行した場合と同様に，処分価額の全額を資本金等の額の増加として取り扱うことになる。
>
> ⇨ 会計と税務とで取扱いが異なるため，この相違について申告調整が必要となる。

詳しくは，第Ⅰ部 ⓫ をご参照ください。

16　株主還元の姿勢をアピールしたい

1 ▍目　　的

株主還元に前向きな企業であるというイメージを広める

2 ▍背　　景

　一般に，投資によって得られる利益は，キャピタルゲイン（Capital Gain）とインカムゲイン（Income Gain）に分けることができます。キャピタルゲインとは，資産を売却することよって得られる利益であり，インカムゲインは資産を保有することで得られる利益のことをいいます。投資対象が株式の場合には，株式の売却益がキャピタルゲインに，配当がインカムゲインに相当します。

　これを逆の立場から見たものが株主還元です。

　株主還元とは，企業が事業活動によって獲得した利益を株主に還元することをいいます。株主利益還元という場合もあります。

　還元する主な手段としては，配当と自社株買いがあります。権利確定日時点で株主名簿に登録されている株主は，企業から配当として現金を受け取ることができるため，こちらは企業から株主への還元としてイメージしやすいでしょう。一方で，自社株買いは，直接的な現金の授受がないため，株主還元というイメージと結びつきにくいかもしれません。しかし，第Ⅱ部❸❹で解説しているように，企業が自己株式を取得すると，ROE（自己資本利益率）やEPS（1株当たり純利益）といった指標が改善します。他の条件が一定であれば，ROE（自己資本利益率）やEPS（1株当たり純利益）の改善は株価の上昇要因となりますから，株主はキャピタルゲインを得やすくなるわけで，こちらも株主還元の効果を有することがわかります。

　キャピタルゲインを選好する投資家もいれば，インカムゲインを選好する投資家もいるわけですが，いずれも投資家として，企業への投資を通じて経済的利益を求めている点は変わりません。

　経営者は，株主還元の姿勢を投資家に伝えることで，自社の魅力度を高め，自社への投資を促すことができます。

3 ‖ 株主還元方針や実績の開示による効果

　株主還元の姿勢をアピールしたいという経営者の思いは，各社の決算説明資料・投資家向け説明資料・ホームページのIRサイトを見ても感じとることができます。

　例えば，本書執筆時点で日本における時価総額のトップ企業であるトヨタ自動車が2022年5月に公表した決算説明会資料では，補足資料を除く全16枚のスライドのうち，3枚を株主還元の説明に割いており，過年度からの配当総額・配当性向・自己株式取得実績等の情報をわかりやすく記しています。トヨタ自動車は世界中で事業展開しており，また，自動車だけでなく金融や情報通信など様々な分野で活動していることから，地域別・分野別の過去の業績や今後の見通しなど，説明したいことは膨大にあるにもかかわらず，株主還元に係る情報提供を優先しているとみることができます。

　また，三菱UFJフィナンシャル・グループが同時期に発表した投資家説明会資料でも，株主還元の基本方針として，「累進的な配当」「機動的な自己株式取得」「自己株式の消却」の3つを掲げており，配当性向を40％まで引き上げるという目標数値や，発行済み株式総数の5％を上限に自己株式を消却するという目安を開示し，具体的な数値に踏み込んで情報提供しています。

　さらに，日本電信電話（NTT）では，同時期に実施した決算発表に併せて，2022年5月13日から2023年3月31日までの間に4,000億円を上限とした自己株式の取得を行う旨を公表しており，決算説明会資料でもその内容を説明しています。

　株主還元の方針や実績を株主に伝えることにより，企業と株主との間の信頼関係が生まれ，株式の長期保有に繋がるといわれています。

【図表Ⅱ-16-1】　過去5年間における自己株式取得額上位企業25社　(百万円単位)

証券コード	企業名	2018年	2019年	2020年	2021年	2022年	総計
9984	ソフトバンクグループ	0	600,000	1,348,100	27,806	1,399,900	3,375,806
6502	東芝	250,464	700,000	0	100,000	100,000	1,150,464
7203	トヨタ自動車	60,297	325,175	499,999	29,826	201,314	1,116,612
9432	日本電信電話	87,372	251,071	37,316	190,283	360,272	926,314
4689	Z HD	220,000	526,466	0	0	68,289	814,755
9437	NTTドコモ	300,000	171,813	300,000	0	0	771,813
5108	ブリヂストン	150,000	200,000	200,000	0	99,781	649,781
8058	三菱商事	0	207,404	300,000	0	0	507,404
9433	KDDI	80,000	130,537	41,549	81,929	134,230	468,245
8306	三菱UFJ FG	63,641	25,315	50,000	22,605	300,000	461,561
6758	ソニーグループ	0	149,416	199,999	40,300	70,000	459,715
8750	第一生命HD	22,499	0	30,000	122,190	200,000	374,689
4307	野村総合研究所	30,000	160,000	0	60,000	60,000	309,999
7267	本田技研工業	62,143	27,092	96,276	51,987	68,000	305,497
8035	東京エレクトロン	0	134,869	149,999	0	0	284,868
8604	野村HD	41,104	91,072	150,000	0	0	282,176
2503	キリンHD	100,000	0	100,000	0	50,000	250,000
8031	三井物産	50,000	0	46,959	50,000	78,207	225,166
9434	ソフトバンク	0	64,041	58,357	100,000	0	222,399
4503	アステラス製薬	100,000	21,446	50,000	0	50,000	221,445
8630	SOMPO HD	39,100	33,500	35,300	40,400	57,999	206,299
6723	ルネサスエレクトロニクス	0	0	0	0	200,000	200,000
6501	日立製作所	0	0	0	0	200,000	200,000
4452	花王	49,999	49,999	0	50,000	50,000	199,998
6098	リクルートHD	0	80,000	0	68,577	42,028	190,605

(出所：自己株券買付状況報告書をもとに筆者作成)

【図表Ⅱ-16-2】　自己株式の取得を発表した企業数

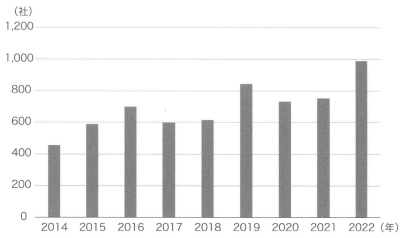

（出所：証券取引所の開示データをもとに筆者作成）

5 ┃ 自己株式の取得の会計処理

自己株式を取得した場合の会計処理の概要は，以下のようになります。

> ■ 取得した自己株式は，取得原価をもって純資産の部の株主資本から控除する。
> ➡資産計上しない
>
> ■ 期末に保有する自己株式は，純資産の部の株主資本の末尾に自己株式として一括して控除する形式で表示する
> ➡株主資本の各構成要素に配分しない
>
> ■ 自己株式の取得・処分・消却に関する付随費用は，損益計算書の営業外費用に計上する。
> ➡取得原価・処分差額に含めない

詳細については，第Ⅰ部❻をご参照ください。

設 例

【前提条件】

● A社は，市場で自己株式を取得し，対価として100を支払った。

● 取得に係る手数料として，証券会社に手数料5を支払った。

【仕訳】

| 自己株式 | 100 | 現金預金 | 105 |
| 支払手数料（営業外費用） | 5 | | |

6 ┃ 自己株式の取得の税務処理

自己株式を取得した場合の税務処理の概要は，以下のようになります。

■ 自己株式を取得した場合，税務上は自己株式の取得対価を資本の払戻額と利益の払戻額に区分した上で，資本金等の額及び利益積立金額を減少させる。

■ 資本金等の額から取得資本金額を減少させ，株主に交付した金銭等の額が取得資本金額を超える部分について，利益積立金額を減少させる。

⇨ 会計と税務とで取扱いが異なるため，この相違について申告調整が必要となる

詳しくは，第Ⅰ部❿をご参照ください。

PBR（株価純資産倍率）を改善したい

1 ▍目　的

> PBR（株価純資産倍率）を改善する

2 ▍背　景

　各国の証券取引所としては，そこに上場している企業群の企業価値が高まることで市場としての魅力度を高め，世界中から資金を呼び込みたいと考えています。企業価値が高まれば，投資家はこれによって得られる利益を再投資に回すことができ，投資の好循環が生まれ，それがさらなる資金を呼び込むことができるからです。これは日本の取引所も同様です。

　一方で，日本企業は，欧米と比べて資本効率や収益性が低く，株価も低迷していると過去20年余りにわたって言われ続けてきました。

　このような状況の下，東証は，2023年3月に開催された市場区分の見直しに関するフォローアップ会議において，「資本コストや株価を意識した経営の実現に向けた対応について（案）」という資料を公表し，プライム市場とスタンダード市場の全上場企業を対象に，資本コストや株価を意識した経営の実現に向けた対応を要請することを検討しています。

　特に，PBRが1倍を割れている企業が問題視されており，そのような企業は資本収益性や成長性といった点で課題があり，成長性が市場参加者に十分に評価されていないものとして，要因分析や改善方針，具体的な目標などを投資者に開示する制度が検討されています。

　ここで，PBRとは「Price Book-value Ratio」の略で，株価純資産倍率を指します。この指標は，一般に株価の割安性を測る指標であると理解されていま

す。類似する指標としてPER（株価収益率）という指標がありますが，PER（株価収益率）は企業が獲得する利益との対比による「株価の割安度」を示しているのに対して，PBR（株価純資産倍率）は企業の保有する純資産との対比による「株価の割安度」を示しています。

　実は，PBR1倍割れという状況は，日本においては珍しいことではなく，2023年3月末時点で約1,800社が該当しています。プライム市場とスタンダード市場の全上場企業数は3,300社程度ですから，半数以上がPBR1倍割れの状態ということになります。東証に上場している企業の2000年以降のPBR推移（市場別の平均値）をグラフ化したものが**図表Ⅱ-17-1**ですが，特に東証2部に上場している企業（市場再編により2022年3月まで）・スタンダード市場に上場している企業（市場再編により2023年4月以降）の平均値は，継続的に1倍を下回っています。

　なお，世界に目を向けてみると，PBRが1倍を割れている企業の割合は，アメリカのS＆P500を構成する企業においては5％程度，欧州のSTOXX600を構成する企業においては24％であり，約55％という日本の数値は際立っています。

【図表Ⅱ-17-1】　東証に上場する企業のPBR（市場別平均）の推移〈連結ベース〉

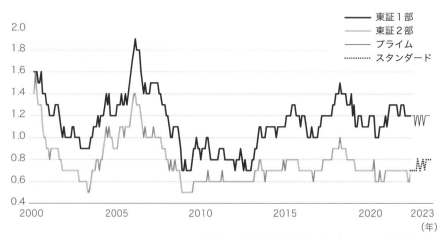

（出所：証券取引所の開示データをもとに筆者作成）

　GDPに比して日本の上場企業の数が多過ぎるという点や，期待インフレ率などの基礎的条件が日本と欧米とでは異なる点などを踏まえると，単純にPBR１倍割れ企業の数や割合を比較するのはナンセンスといえます。また，将来における固定資産の減損リスク等を踏まえると，１株当たり純資産（BPS）が企業の解散価値を厳密に反映しているかというと，そうとも言い切れません。なぜなら，固定資産の減損は，市場価格が帳簿価額より50％以上下落していたり，業績が継続的に赤字であるといった，状況が極めて悪い場合にしか計上されないからです。どう見ても固定資産の帳簿価額を回収できる可能性はないものの，減損の要件を満たさないことから，減損損失を計上せず，含み損が顕在化しないという状況は，実は珍しいことではありません。

　とはいえ，2023年に入ってからは，新聞や雑誌の記事でも，PBR１倍割れ企業を問題視する風潮が高まっており，経営陣への風当たりも強まっています。2023年の株主総会では，PBRについて言及するケースが大幅に増加しました。PBRを引き上げたいと考える経営者は確実に増加しています。

3 ┃ 自己株式取得の効果

　PBRを算出するためには，先に１株当たり純資産（BPS）を算定する必要があります。BPSは「Book-value Per Share」の略称で，次の算定式のように，期末時点の純資産額を，期末時点の発行済株式数から自己株式数を控除した株式数で除して算定します。

$$１株当たり純資産（BPS）＝\frac{期末の純資産額}{期末の発行済株式数－期末の自己株式数}$$

　なお，この算定式の分子になっている「期末の純資産額」は，貸借対照表に記載されている純資産の部の合計額ではないことに留意が必要です。純資産の部の合計額から，新株式申込証拠金，自己株式申込証拠金，新株予約権などを控除した金額となります。また，連結ベースの１株当たり純資産（BPS）を算定する場合には，これらに加えて，非支配株主持分相当額も控除することにな

ります。

　1株当たり当期純利益に関する会計基準の適用指針（企業会計基準適用指針第4号）35項に列挙されている，貸借対照表の純資産の部の合計額から控除する項目は以下の通りです。

---

① 新株式申込証拠金

② 自己株式申込証拠金

③ 普通株式よりも配当請求権・残余財産分配請求権が優先的な株式の払込金額（資本金と資本剰余金の合計額）

④ 当期の剰余金の配当であって普通株主に関連しない金額

⑤ 新株予約権

⑥ 非支配株主持分（連結財務諸表の場合）

　あらためて示すと，1株当たり純資産（BPS）の算定式は以下のように書き換えることができます。

1株当たり純資産（BPS）＝

$$\frac{貸借対照表の純資産の部の合計額 - 新株予約権等の控除金額}{期末の発行済株式数 - 期末の自己株式数}$$

設例

【前提条件】

● A社のX1年3月31日における発行済株式数は100株である。

● A社のX1年3月31日における純資産は以下の通り。

貸借対照表
純資産の部

Ⅰ. 株主資本		
1. 資本金		1,000
2. 資本剰余金		
資本準備金		1,000
その他資本剰余金		500
資本剰余金合計		1,500
3. 利益剰余金		3,500
4. 自己株式		0
株主資本合計		6,000
Ⅱ. 評価・換算差額等		
1. その他有価証券評価差額金		1,000
2. 繰延ヘッジ損益		500
3. 土地再評価差額金		300
評価・換算差額等合計		1,800
Ⅲ. 新株予約権		200
純資産合計		8,000

【解説】

この場合，A社のX1年3月31日における1株当たり純資産（BPS）は，以下のように算出することができる。

1株当たり純資産（BPS）＝

$$\frac{\text{B/Sの純資産の部の合計額} - \text{新株予約権等の控除金額}}{\text{期末の発行済株式数} - \text{期末の自己株式数}} = \frac{8,000 - 200}{100株 - 0株}$$

$$= \frac{7,800}{100株} = @78.0$$

このようにして算定した1株当たり純資産（BPS）を使って，PBR（株価純資産倍率）は，以下のように算出することができます。

$$PBR（株価純資産倍率）= \frac{時価}{BPS（1株当たり純資産）}$$

現在の株価が50であったとすると，前述の設例では，PBR（株価純資産倍率）を0.64と算定できます。

$$PBR（株価純資産倍率）= \frac{50}{78.0} \fallingdotseq 0.64102$$

一般に，純資産は「株主の持分」を表しており，これを発行済株式数で除したものが1株当たりの「株主の持分」であると捉えられています。

そもそも，純資産とは，すべての資産からすべての負債を差し引いたものです。現在の会計の枠組みでは，純資産の中に，新株予約権やその他有価証券評価差額金や繰延ヘッジ損益など，純粋な資本とはいえないものも含まれており，先程の純資産の捉え方は厳密には不正確なのですが，おおまかな理解として，

貸借対照表
純資産の部

I．株主資本	
1．資本金	1,000
2．資本剰余金	
資本準備金	1,000
その他資本剰余金	500
資本剰余金合計	1,500
3．利益剰余金	3,500
4．自己株式	0
株主資本合計	6,000
II．評価・換算差額等	
1．その他有価証券評価差額金	1,000
2．繰延ヘッジ損益	500
3．土地再評価差額金	300
評価・換算差額等合計	1,800
III．新株予約権	200
純資産合計	8,000

→

貸借対照表
純資産の部

I．株主資本	
1．資本金	1,000
2．資本剰余金	
資本準備金	1,000
その他資本剰余金	500
資本剰余金合計	1,500
3．利益剰余金	3,500
4．自己株式	▲500
株主資本合計	5,500
II．評価・換算差額等	
1．その他有価証券評価差額金	1,000
2．繰延ヘッジ損益	500
3．土地再評価差額金	300
評価・換算差額等合計	1,800
III．新株予約権	200
純資産合計	7,500

純資産は株主の持分を表しており，1株当たり純資産は1株当たりの株主の持分だという解説がよく見られます。

　また，純資産は，その会社の解散価値を示しているといわれます。会社が事業活動を停止して，すべての資産を売却処分し，その資金ですべての負債を返済した後に残るものが純資産であり，会社が解散した場合には，1株当たり純資産に相当する金額が持株数に応じて株主に残余財産として分配されるであろうという考え方です。このため，株価が1株当たり純資産（BPS）を下回っている状態，すなわちPBR（株価純資産倍率）が1倍を割れている状態は，解散価値を下回っており，株価が割安だと論じられることもあります。

　このPBRの水準を向上させようとして，自己株式を取得する企業が増加しています。自己株式を取得した場合のPBR（株価純資産倍率）に与える影響は以下のようになります。

　まず，自己株式は株主資本の控除項目ですから，自己株式を取得すると，その取得価額に相当する金額だけ純資産の金額が減少し，1株当たり純資産（BPS）の算定式における分子は押し下げられます。一方で，分母では期末の自己株式数を控除することになっており，分母も同様に減少します。この，分母の値も小さくなるという点を見過ごさないことが大切です。

　先程の設例の状態から，市場で自己株式を10株取得したとします。取得時における株価が50である場合には取得価額が500となり，その結果，純資産は8,000から7,500に減少します。純資産の部は，次の図の左側から右側へと変化します。

　そして，自己株式を取得したことで，1株当たり純資産（BPS）は以下のように変化します。

〈1株当たり純資産（BPS）〉

　　$(7{,}500 - 200) \div (100株 - 10株) = 7{,}300 \div 90株 \fallingdotseq @81.1$

　その結果，他の条件に変化がないと仮定すると，PBR（株価純資産倍率）は0.61652となります。

$$PBR（株価純資産倍率） = \frac{50}{81.1} \fallingdotseq 0.61652$$

　こうして見ると，自己株式を取得しただけでは，PBR（株価純資産倍率）は0.64102から0.61652に低下してしまうことがわかります。

　では，なぜPBRの上昇を目的として自己株式の取得を行う企業があるかというと，ひとつには自己株式の取得を通じてPBR（株価純資産倍率）が下がることで現在の株価の割安感を促し，株価の上昇を期待しての行動だと考えられます。また，第Ⅱ部❸❹で解説したとおり，自己株式の取得にはROE（自己資本利益率）やEPS（1株当たり当期純利益）を上昇させる効果があるため，PER（株価収益率）が一定だと仮定すると，株価が上昇することになるからです。

〈参考〉

> 株価 ＝ PER（株価収益率）× EPS（1株当たり当期純利益）

　しかし，前述の自己株式を取得すること自体が有するPBR（株価純資産倍率）の押し下げ効果を上回る株価の上昇がなければ，結果的にPBR（株価純資産倍率）は低下してしまうことに留意しなければなりません。

　先程の例でいうと，株価が52に上昇してはじめて，自己株式を取得する前のPBR水準（0.64102）を維持することができます。

〈参考〉

$$PBR（株価純資産倍率）＝ \frac{52}{81.11111} ＝ 0.641$$

5 ┃ 自己株式の取得の会計処理

　自己株式を取得した場合の会計処理の概要は，以下のようになります。

- 取得した自己株式は，取得原価をもって純資産の部の株主資本から控除する。
  - ➡資産計上しない
- 期末に保有する自己株式は，純資産の部の株主資本の末尾に自己株式として一括して控除する形式で表示する。
  - ➡株主資本の各構成要素に配分しない
- 自己株式の取得・処分・消却に関する付随費用は，損益計算書の営業外費用に計上する。
  - ➡取得原価・処分差額に含めない

詳細については，第Ⅰ部❻をご参照ください。

設例

【前提条件】
- A社は，市場で自己株式を取得し，対価として100を支払った。
- 取得に係る手数料として，証券会社に手数料5を支払った。

【仕訳】

自己株式	100	現金預金	105
支払手数料（営業外費用）	5		

6 ┃ 自己株式の取得の税務処理

自己株式を取得した場合の税務処理の概要は，以下のようになります。

■ 自己株式を取得した場合，税務上は自己株式の取得対価を資本の払戻額と利益の払戻額に区分した上で，資本金等の額及び利益積立金額を減少させる。

■ 資本金等の額から取得資本金額を減少させ，株主に交付した金銭等の額が取得資本金額を超える部分について，利益積立金額を減少させる。

⇨ 会計と税務とで取扱いが異なるため，この相違について申告調整が必要となる。

詳しくは，第Ⅰ部 **⓾** をご参照ください。

コラム　自己株式の取得 vs 財務規律

　本ケースでは，自己株式の取得とPBR（株価純資産倍率）の関係をとりあげましたが，東証が市場区分の見直しに関するフォローアップ会議を通じて求めているのは，財務面でのアクションによってPBR（株価純資産倍率）の１倍を達成するという一過性の対策ではなく，持続的な成長による収益力の向上であると考えられます。たとえ，自己株式の取得によって株価が上昇したとしても，結局のところ，企業業績の改善・向上による後押しがなければ，その上昇力は遅かれ早かれ削がれてしまいます。場合によっては，高値での自社株買いという結果に終わり，かえって企業の財務状態を悪化させてしまうかもしれません。

　また，本来，純資産は，企業の業績が悪化した時における損失を吸収できるバッファーとしての役割を果たします。過度に留保利益をため込んで資本効率を悪化させてしまうのは望ましくないですが，不況時の損失に耐えうるだけの純資産を維持しておくことも，企業経営にとってはとても大切なことです。

　金融機関や格付機関では，企業の純資産の状況に特に注意を払っており，安易な自己株式の取得は，財務リスクの上昇を通じて，負債による調達コストの上昇を招き，与信枠の縮小につながることもあります。

　関係機関との緊密なコミュニケーションをとり，財務規律を守ったうえで，中長期的な視点をもって財務戦略を立案することが最善の対応といえるでしょう。

ESOPスキームにおいて,保有する自己株式を活用したい

1 目 的

日本版ESOPを導入して,保有する自己株式を活用する

2 背 景

経営者や財務担当役員(CFO)の方々の中には,

「ESOP? もちろん聞いたことはあるし,だいたいのイメージはわかる。従業員に自己株式を配るやつだろ? でも,正直言うと,似たような用語がたくさんあって,その違いはよくわからない。まあ,要は福利厚生の一環だ。」

という理解の方は多いのではないかと思います。仕組み自体はそれほど複雑なものではないのですが,スキームの異なる様々な商品があったり,呼び名が異なったりと,理解しにくいものであることは間違いないでしょう。詳細については次節で解説しますが,このスキームを使うと,企業が保有している自己株式を有効活用することができます。また,新たに自己株式を取得して,それを活用することもできます。

昨今では,企業の資本効率や株主還元の状況について投資家から厳しい目が向けられており,ROE(自己資本利益率)や配当性向について,常に目を配った経営が求められます。そのため,企業が自己株式を取得する機会も増え,貸借対照表に計上されている自己株式は,**図表Ⅱ-18-1**のように増加傾向にあります。なお,この残高には,すでに消却したものは含まれていませんから,手持ちの在庫として,今後何らかの形で活用したり,消却することになる自己株式の残高です。

経営者の本音として,同業他社に足並みをそろえて自己株式を取得したもの

【図表Ⅱ-18-1】　国内に上場する全企業の保有する自己株式残高

（単位：兆円）

年	残高
2015年3月末	20
2016年3月末	19
2017年3月末	21
2018年3月末	25
2019年3月末	22
2020年3月末	22
2021年3月末	31
2022年3月末	28

（出所；国内証券取引所の開示データをもとに筆者作成）

の，その扱いに頭を悩ませているという声もしばしば聞かれます。このような場合には，日本版ESOPでの活用が1つの選択肢となります。

3 ‖ ESOP の導入による効果

　従業員が企業から株式を受け取る仕組みとして，ESOPという制度があります。このESOPに類似する用語として，執筆時点から過去1か月間の上場企業による適時開示情報を検索するだけでも，「J-ESOP」・「株式給付信託」・「従業員持株ESOP信託」・「株式付与ESOP信託」・「従業員向けインセンティブプラン」・「レバレッジドESOP」など，様々な用語でリリースされており，名称やスキームが乱立しています。本節では，ESOPという制度の概要を整理し，この制度の中で自己株式を活用することの効果について解説します。

　まず，ESOPとは，「Employee Stock Ownership Plan」（従業員による株式所有計画）の略称で，1950年代に米国で開発され，欧米に広く普及した仕組みです。このスキームは，まず，A社が信託と呼ばれる組織体（ビークル）を

作り，A社株式を購入するための資金を拠出します。

　信託は，必要に応じて銀行等から追加で借り入れて資金調達し，それらの資金によりA社株式を購入します。市場で買い付ける場合もあれば，A社の保有する自己株式を購入する場合もあります。その後，信託がA社株式を管理し続けます。そして，時が経ち，A社の各従業員は，退職するときに，各従業員の持分に相当するA社株式を退職金として受け取ることができます。このスキームに参加するのは，原則として，全従業員となります。

　このように，欧米で普及したESOPは，年金制度の一部であるという点，全従業員が対象であるという点に特徴があります。

　この制度を参考にして日本で開発されたのが，日本版ESOPと呼ばれる制度です。法律の違いがあるので，そのままの形で輸入するわけにはいきませんでしたが，大手信託銀行や証券会社各社が，日本の法制度の枠内でこぞって開発していきました。このため，様々なバリエーションがあり，統一的な呼び名もありませんが，日本版ESOPまたはJ-ESOPと表記されるのが一般的です。

　日本版ESOPには主に２つのパターンがあり①信託を通じて，従業員持株会に自己株式を交付する取引と②信託を通じて，受給権を付与された従業員に自己株式を交付する取引に大別できますが，両者はスキームが全く異なります。また前述のような，欧米で普及しているESOPとも異なります。

　まず，①信託を通じて，従業員持株会に自己株式を交付する取引ですが，これは先程の欧米におけるESOPのスキームにおける登場人物（A社・信託・従業員）の他に，従業員持株会が関わってきます。A社が信託（ビークル）を作り，A社株式を購入するための資金を拠出し（必要に応じて銀行等から追加で借り入れて資金調達し），信託がA社株式を購入するところまでは欧米のESOPと同じなのですが，日本版では，信託はA社株式を従業員持株会に売却することになります。直接，従業員に交付するのではありません。その後は，従業員持株会との間で行われる通常のやり取りで，従業員は毎月の給与から天引きにより掛け金を従業員持株会に拠出し，掛け金と奨励金の合計が一定単位に到達すると，従業員は自由にA社株式を引き出すことができるというものです。

　一方で，②信託を通じて，受給権を付与された従業員に自己株式を交付する

【図表Ⅱ-18-2】　①信託を通じて，従業員持株会に自己株式を交付する取引

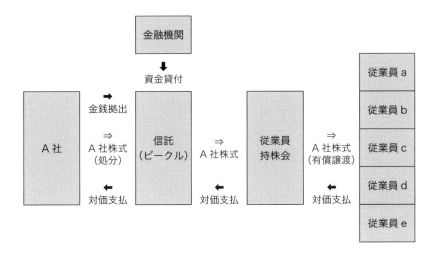

取引ですが，これも欧米におけるESOPのスキームと前半部分は同じです。すなわち，A社が信託（ビークル）を作り，A社株式を購入するための資金を拠出し（必要に応じて銀行等から追加で借り入れて資金調達し），信託がA社株式を購入します。その後，A社は，あらかじめ定められた株式給付規程に基づいて，受給権の算定の基礎となるポイントを従業員に割り当てます。割り当てられたポイントは，勤務期間などの一定の要件を満たすことで受給権として確定します。従業員は，信託契約に従って，確定した受給権に相当する数のA社株式を信託から受け取ることができます。A社株式を在職中に受け取ることができるか，退職時に限定されているかは，株式給付規程の内容次第であり，企業が自由に設計できます。

【図表Ⅱ-18-3】 ②信託を通じて，受給権を付与された従業員に自己株式を交付する取引

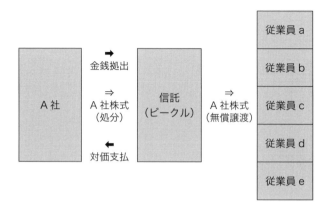

　①と②で大きく違う点は，①は従業員持株会を仲介して従業員がA社株式を受け取るという点と，①で従業員が取得することになるA社株式は，自らの掛金も財源となっており，いわば「投資」の一種であるという点です。裏を返すと，②で受け取るA社株式は，従業員に対する報酬としてA社が財源の全額を負担しており，従業員個人の負担はありません。

　このように，①と②は全く異なる性格のものですが，一括りに「日本版ESOP」と呼ばれています。また，これらは，年金制度を前提とした欧米のESOPとも異なります。このあたりが，ESOPの理解を難しくしている原因だと考えられます。

　さて，ESOPを導入して自己株式を活用する効果としては，従業員の利益と自社の株価を結び付け，従業員の経営参画意識が高まることで，企業価値向上に向けてやる気を引き出せるという点が挙げられます。また，この他にも，従業員の利益と株主の利益の連動性が高まり，株主目線での経営が行いやすくなるという点，敵対的買収の防衛手段となる点もあります。そして，株主還元のために取得した自己株式を消却しないまま保有し続けることに対する投資家の風当たりをかわすという効果もあるでしょう。

4 ┃ ESOP に係る自己株式の会計処理

　ここでは，A社が信託の内容を変更する権限を有しているという要件と，A社に信託財産の経済的効果が帰属しないとは言い切れないという要件を満たしていることを前提とします。仮に，信託財産の経済的効果が，A社に全く帰属しないのであれば，A社が信託の保有する資産・負債を取り込むのは適切ではありませんから，これとは別の会計処理になります。ただし，実務上，一般に導入されているスキームでは，これらの要件を満たすように設計されています。

⑴　信託を通じて，従業員持株会に自己株式を交付する取引

①　信託の設定
　まず，信託を設定して，資金を拠出する場合には，いったん現金預金の減少を認識し，相手方に「信託口」等の勘定で計上します。

● A社が金銭1,000を信託に拠出した

A社仕訳（信託設定時）

信託口	1,000	現金預金	1,000

②　信託による借入
　そして，信託が金融機関から資金を借り入れた場合には，A社では会計処理を行いません。しかし，通常は，その借入に対して，A社が債務保証を行いますから，信託からA社に対して保証料が支払われます。その場合は，「受取保証料」等の科目で収益計上します。

● 信託が銀行から1,000を借り入れた

A社仕訳（信託が銀行から資金を借り入れた時）

仕訳なし

● A社が信託から保証料 5 を受け取った

　A社仕訳（保証料受取時）

現金預金	5	受取保証料	5

③　信託への自己株式の処分

　信託は，市場からA社株式を取得することもできますが，A社の保有する自己株式を処分することも可能です。A社から信託に対して，自己株式を処分した場合には，通常の自己株式の処分と同様に，帳簿価額と処分価額の差額を自己株式処分差額とし，A社にとっては，その他資本剰余金となります。なお，信託から従業員持株会に対してA社株式が売却された段階ではなく，A社から信託に自己株式を処分した時点で自己株式の処分差額を認識する点がポイントです。

【図表Ⅱ-18-4】　自己株式処分差額の認識時点

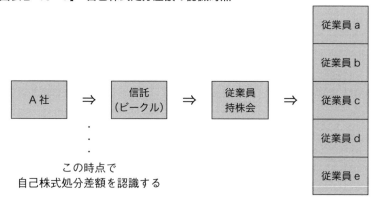

● A社が信託に対して，自己株式（帳簿価額1,500）を1,600で処分した

　A社仕訳（自己株式処分時）

現金預金	1,600 [※1]	自己株式 自己株式処分差益	1,500 [※2] 100 [※3]

※1　処分対価
※2　処分する自己株式の帳簿価額
※3　差額

④ 信託から従業員持株会への株式の売却

信託が従業員持株会にA社株式を売却した際には，A社では会計処理を行いません。

● 信託が従業員持株会にA社株式（帳簿価額800）を900で売却した

A社仕訳（信託が従業員持株会にA社株式を売却した場合）

仕訳なし

⑤ 決算時

決算において，A社は，信託における各勘定残高をA社の個別財務諸表に取り込みます。仮に，決算時における信託の試算表が次のような状況であったとします。

信託の試算表

現金預金	1,210	借入金	1,000
A 社株式	800	信託元本	1,000
諸費用	75	A 社株式売却益	100
支払利息	10		
支払保証料	5		

A社では，以下の会計処理を行います。

● A社の決算にあたり，信託の各勘定残高を個別財務諸表に取り込む

A社仕訳（決算時）

現金預金	1,210	借入金	1,000
A 社株式	800	信託元本	1,000
諸費用	75	A 社株式売却益	100
支払利息	10		
支払保証料	5		

信託の設定時に計上した信託口を，期末に取り込んだ信託元本と相殺します。

A社仕訳（決算時）

信託元本	1,000	信託口	1,000

　日本版ESOPにおいて，信託の損益は，A社に帰属することなく，従業員に帰属するスキームとなっており，信託の損益を仮勘定として信託口に振り替えます。信託で利益が出ている場合にはA社の負債となり，損失が出ている場合にはA社の資産となります。

A社仕訳（決算時）

A社株式売却益	100	諸費用 支払利息 支払保証料 信託口（負債）	75 10 5 10 ※4

※4　差額

　信託におけるA社株式は，A社にとっては自己株式ですから，帳簿価額のまま自己株式勘定に振り替え，純資産の部における株主資本の控除項目とします。

A社仕訳（決算時）

自己株式	800	A社株式	800

　その結果，A社の貸借対照表は以下のようになります。

A社の貸借対照表

現金預金	2,815 ※5	借入金	1,000 ※6
		信託口	10 ※7
		その他資本剰余金	100 ※8
		その他利益剰余金	5 ※9
		自己株式	▲800 ※6

※5　処分対価1,600＋受取保証料5＋信託から取込1,210
※6　信託から取込
※7　信託における損益（※4より）
※8　自己株式処分差益

※9　受取保証料

　その後，所定の信託期間が終了すると，信託の残余財産は従業員に分配されます。また，当初の信託への拠出金は，信託終了時または信託期間にわたって，福利厚生費等の科目で費用処理します。

　以上の設例では骨格となる部分を抜粋しましたが，その他の部分も含めた会計処理のポイントをまとめると，以下のようになります。

- 信託の資産・負債を企業の資産・負債として，あたかも自社で保有しているかのように貸借対照表に計上する。
- 信託について，子会社・関連会社に該当するかどうかの判定は要しない。
- 信託への処分時（信託からの対価の払込期日）に自己株式処分差損益を認識する。
- 信託が，まだ従業員持株会に交付していないために期末時点で保有している自社の株式は，株主資本において自己株式として表示する。
- 信託における純損益が正の場合には負債に，負の場合には資産に計上する。
- 株価が下落したこと等により，信託において借入金の返済原資が不足し，企業が債務保証の履行により返済を負担する可能性がある場合には，負債性引当金の計上の要否を検討する。
- 企業が保有する自己株式と，信託が保有する自社の株式の帳簿価額は，自己株式の処分及び消却時の帳簿価額の算定にあたって，通算しない。

⑵　信託を通じて，受給権を付与された従業員に自己株式を交付する取引

　信託の設定時や，信託が銀行から資金を借り入れた時，信託に対して自己株式を処分した時の会計処理については，⑴の場合と同様です。なお，このスキームにおいては，通常は金融機関からの借入は行われず，主体企業から拠出された金銭により自己株式の取得が行われます。

　この取引の特徴は，従業員にポイントを付与するところです。A社が従業員

に対して，A社株式と交換できるポイントを付与した時には，そのポイントを
金額換算して費用処理し，相手方に引当金を負債計上します。ポイントの金額
換算は，信託がA社株式を取得したときの株価を基礎として算定します。例え
ば，信託がA社から，A社株式160株（A社の帳簿価額1,500）を1,600で取得
している場合には，1株の単価は10（＝1,600÷160株）となります。A社が従
業員に対して，2ポイントを付与（1ポイントあたり1株を受け取れる）した場合には，20（＝@10×2株）の引当金を計上します。

- A社は従業員に対して2ポイント（1ポイントあたり1株を受け取れる）
  を付与した

  A社仕訳（ポイント割当時）

福利厚生費	20 ※※1	株式給付引当金	20 ※※1

※1　（1,600÷160株）×2ポイント（2株相当分）

　期末において，信託の資産・負債をA社の個別財務諸表に取り込む点は，
(1)の場合と同様です。なお，A社株式の時価が変動したとしても，ポイント
付与時に計上した費用や負債の評価替えを行うことはありません。

　会計処理のポイントをまとめると，以下のようになります。

- 信託の資産・負債を企業の資産・負債として，あたかも自社で保有して
  いるかのように貸借対照表に計上する。
- 信託について，子会社・関連会社に該当するかどうかの判定は要しない。
- 信託への処分時（信託からの対価の払込期日）に自己株式処分差損益を
  認識する。
- 従業員に付与されたポイントは，信託が自社の株式を取得したときの株
  価を基礎として金額換算する。
- 従業員に付与されたポイントは，負債（引当金）に計上する。
- 従業員に付与されたポイントは，期末においても再評価（時価への洗替
  え）しない。

- 信託が，まだ従業員持株会に交付していないために期末時点で保有している自社の株式は，株主資本において自己株式として表示する。
- 信託における純損益が正の場合には負債に，負の場合には資産に計上する。
- 企業が保有する自己株式と，信託が保有する自社の株式の帳簿価額は，自己株式の処分及び消却時の帳簿価額の算定にあたって，通算しない。

【図表Ⅱ-18-5】　会計処理のまとめ

	従業員持株会に自己株式を交付する取引	受給権を付与された従業員に自己株式を交付する取引
自己株式処分差額の認識時点	主体企業から信託に処分した時点（対価の払込期日）	
信託の資産	主体企業の個別財務諸表に計上する	
信託の負債	主体企業の個別財務諸表に計上する	
信託の損益	純額が正の場合には負債に，負の場合には資産に計上する	
債務保証	主体企業の負担が発生する可能性がある場合には，負債性引当金の計上要否を検討する	－
ポイント付与	－	従業員に割り当てたポイントを金額換算して費用計上し，対応する引当金を計上する
株式の交付	－	ポイント付与時に計上した引当金を取り崩す
子会社判定	信託が子会社・関連会社に該当するかどうかを判定しない	
連結財務諸表	個別財務諸表における処理をそのまま引き継ぐ	

5 ┃ 自己株式の取得の税務処理

　信託が保有する主体企業の株式は，自己株式として取り扱います。そして，信託が受益者である従業員に株式を交付した時に，自己株式の譲渡に係る処理を行います。なお，自己株式の譲渡による資本金等の増加額は，株式を交付した日の株価に株式数を乗じた金額となります。

　信託において発生する損益は受益者に帰属するわけですが，信託を通じて，受給権を付与された従業員に自己株式を交付する取引については，従業員が受益権を取得するまで，受益者が存在しないことになります。そこで，税務上は，主体企業を受益者とみなします。すなわち，主体企業が信託財産に属する資産・負債を有するものとみなし，その信託財産に係る収益・費用は主体企業の収益・費用とみなして法人税法の規定が適用されます。そして，従業員が受益権を取得した場合には，権利確定日における自己株式の時価相当額を，給与等として損金の額に算入することになります。

コラム　『総額法』と『純額法』

　企業が信託を設定している場合の会計処理として，総額法と呼ばれるものがあります。総額法とは，主体企業が信託財産を直接保有している場合と同様の処理，すなわち，信託の資産・負債を企業の資産・負債として主体企業の貸借対照表に計上し，信託における損益を主体企業の損益として損益計算書に計上する処理方法です。

　なお，この総額法の対になる方法は純額法で，貸借対照表・損益計算書について，主体企業の持分の割合に応じて純額で取り込む方法です。

　日本版ESOPでは，信託が主体企業の株式を取得する目的で銀行から資金を借り入れることがあります。その結果，信託において借入金が計上されていた場合には，企業は期末時点でその負債を取り込み，貸借対照表に負債として借入金を計上することになります。また，信託が保有している主体企業の株式は，純資産の部（株主資本）において「自己株式」として計上する旨が，実務対応報告第30号（従業員等に信託を通じて自社の株式を交付する取引に関する実務上の取扱い）において規定されています。これは，総額法による処理といえます。

　しかし，信託における損益計算書については，損益計算書に合算されることなく，損益の純額が正の値となる場合には負債に，負の値となる場合には資産に計上されます（実務対応報告第30号 8 項）。この点では，総額法ではなく，純額法の考え方がとり入れられています。これは，信託の損益が最終的に従業員に帰属するという経済的実態を反映させるための処理であると考えられます。

【著者紹介】

尾田　智也

1980年 滋賀県生まれ

公認会計士

情報技術・デザインを専攻後，2005年に公認会計士第2次試験に合格し，Big 4 のメンバーファームである大手監査法人にて会計監査業務からキャリアをスタート。

各種製造業・建設業・情報通信業・サービス業・銀行業・証券業等の会計監査業務・上場支援業務を経て，2010年より国内外の金融機関に対するアドバイザリー業務に従事する。

2017年・2020年にコンサルティング会社を設立後，地域金融機関・ヘッジファンドのリスクマネジメント・トップライン向上・組織変革・投資意思決定をサポートする専門サービスを提供している。

計量分析に基づいた金融市場の解析を専門領域とし，株式・為替・債券・コモディティ・デリバティブ等のマーケットに精通している。

洛星高等学校・慶應義塾大学総合政策学部（SFC）卒業。

主な著書に，『自己株式の会計・税務と法務Q&A』，『こんなときどうする？　引当金の会計実務』，『Q&A　金融商品の会計実務』，『図解でスッキリ デリバティブの会計入門』，『図解でスッキリ 時価算定基準の会計入門』，『図解でスッキリ ストック・オプションの会計・税務入門』（共著）等多数。

目的別 自己株式の活用法

2023年10月25日　第1版第1刷発行

著　者	尾　田　　智　也
発行者	山　本　　　　継
発行所	㈱中　央　経　済　社
発売元	㈱中央経済グループ パ ブ リ ッ シ ン グ

〒101-0051 東京都千代田区神田神保町1-35
電　話　03(3293)3371(編集代表)
　　　　03(3293)3381(営業代表)
https://www.chuokeizai.co.jp

印　刷／文唱堂印刷㈱
製　本／㈲井上製本所

© 2023
Printed in Japan